Jurek Becker

Jakob der Lügner

Von Olaf Kutzmutz

Reclam

RECLAMS UNIVERSAL-BIBLIOTHEK Nr. 15346

Gesamtherstellung: Reclam, Ditzingen
Printed in Germany 2017

ISBN 3-15-015346-8

Auch als E-Book erhältlich

www.reclam.de

Inhalt

1. Erstinformation zum Werk

Ein Lügner als Romanheld? Eine ungewöhnliche Idee, gilt doch Lügen gemeinhin als moralisch verwerflich. Wie aber werten wir Lügen in Zeiten der Gefahr oder so genannte Notlügen? Ein schlechtes Gewissen bleibt zwar, wenn wir schwindeln – aber falls die Lügen Gutes bewirken? Davon erzählt *Jakob der Lügner*, der 1969 im ostdeutschen Aufbau-Verlag erschien.

»Lügner mit Gewissensbissen«

Jurek Beckers Roman spielt gegen Ende des Zweiten Weltkriegs in einem polnischen Ghetto. Furcht und Hoffnungslosigkeit zermürben seine Bewohner, die auf Leben und Tod den Nazis ausgeliefert sind. Vor diesem Hintergrund erinnert sich ein namenloser Ich-Erzähler gut zwei Jahrzehnte später an die Geschichte Jakob Heyms. Dieser Jakob Heym hört auf dem Revier der Deutschen zufällig Radio und schnappt ein paar Nachrichtenfetzen über den Vormarsch der russischen Armee auf. Als er davon im Ghetto erzählt, steigt das Barometer der Hoffnung rapide an. Die Ghetto-Bewohner verlangen mehr lichte Aussichten, und so zaubert Jakob neue Nachrichten aus dem Hut. Schließlich besitzt er gar kein Radio, das im Ghetto zudem strengstens verboten ist. Eine Zeit lang helfen Jakobs Radiolügen den niedergeschlagenen Ghettobewohnern wieder auf die Beine. Wo sonst der Tod umgeht, lässt dieser »Lügner mit Gewissensbissen« (150f.) einen Ort bescheidener Zuversicht entstehen – keine Selbstmorde mehr im Ghetto, die Menschen schmieden Pläne, treiben alte Schulden ein, »ganz plötzlich ist morgen auch noch ein Tag« (32). Dieser Hoffnungsschimmer vergeht, als die Deutschen durch Deportationen das Ghetto entvölkern. Schon zuvor ahnt der Leser, dass kaum einer von ihnen die NS-Zeit überleben wird.

In beiden Teilen Deutschlands ist Beckers Romandebüt erfolgreich, selbst wenn der erste Rezensent in der DDR ein deutliches Bekenntnis zum sozialistischen Realismus vermisst. Die Westkritiker loben Beckers »anderen Hiob« und rechnen seinen Schöpfer zum »Geschlecht der traurigen Humoristen«. Im »sympathischen Flunkerer« Jakob sehen sie gleichsam eine »Symbolgestalt für alle Geschichten-Erzähler«[1]. Selten sind Einwände gegen *Jakob den Lügner*, nach denen der Roman »spielerisch« mit einer Wirklichkeit umgehe, »die absolut nichts Spielerisches«[2] habe. Der literarische Wert und die Popularität des Romans sind bis heute unbestritten. Das dokumentieren neben zwei Verfilmungen (DDR 1975/USA 1999) mehr als ein Dutzend Übersetzungen, die unterschiedlichen Ausgaben des Textes seit 1969 sowie die zahlreichen literaturwissenschaftlichen Studien und Lehrmaterialien zum Roman.

Erfolgreiches Romandebüt

Beckers Roman erzählt nicht museal oder verherrlichend von damals, sondern von unserer Gegenwart: vom Umgang der Überlebenden und folgender Generationen mit dem Holocaust. Dafür steht vor allem der Erzähler, der die schreckliche Vergangenheit bewältigen möchte. Sein ironisches, lapidares Erzählen und Erinnern steht quer zu einem vorherrschenden Klima der Verdrängung, das von Schuld und Schande im Krieg nichts wissen will.

2. Inhalt

Die Geschichte Jakob Heyms ruht im Ghetto der Erinnerung, bis sie ein Weggefährte von ihm, ein begnadeter Fabulierer und Trinker, daraus befreit. Dieser Erzähler spinnt einen blutroten Faden der Erinnerung, auf dem er einzelne Perlen aus der Geschichte Jakobs aufreiht. Er verbindet dabei gegenwärtiges und vergangenes Geschehen und lässt die Geschichte auf die Gegenwart des Zuhörers los. Jakobs Geschichte zu recherchieren und zu überliefern, ist seine Art, die Vergangenheit zu bewältigen.

Der anonyme Ich-Erzähler erinnert 1967 an Jakob Heym, dessen Lügen Hoffnung in ein Ghetto des Zweiten Weltkriegs bringen. Bevor der Erzähler gut zwanzig Jahre zurückblickt, erfährt der Leser auf Umwegen, warum er von seinem Weggefährten Jakob erzählen möchte. Der Erzähler beginnt nicht direkt mit Jakobs leidvoller Geschichte, die von Terror, Deportation und vielen Toten handeln muss. Er redet scheinbar »um den heißen Brei herum«, blickt in die Natur und erinnert sich an das eigene Leben. Indem der Erzähler von Bäumen spricht, erzählt er gleichzeitig vom Grauen der Nazi-Zeit, als Bäume im Ghetto verboten waren und seine Frau Chana unter einem Baum erschossen wurde. Der Leser erlebt eine Premiere, denn nach unzähligen Versuchen wird der Erzähler Jakobs Geschichte endlich los. Er ist unsicher, tastet sich vor und füllt mit Fantasie die Lücken im Erzählwerk. Mit ironischen bis sarkastischen Tönen hält er sich oberflächlich die furchtbaren Ereignisse vom Leib. Wie sehr ihn die Vergangenheit berührt, zeigen sein Alkoholkonsum und die noch immer unbändige Wut auf die Nazis, die er am liebsten »alle umbringen« (9) würde.

Jakob erscheint weder als Held noch als Verlierer, sondern als Durchschnittsmensch, der sich fürchtet wie alle anderen Ghetto-Bewohner. Das belegt die erste Episode, in der Jakob auftritt. (7–9)

Der Erzähler wechselt von seiner Gegenwart in die Ghetto-Zeit. Ein Posten im Ghetto befiehlt Jakob, sich auf dem Revier zu melden. Er habe die Ausgangssperre nicht beachtet, sei angeblich nach 20 Uhr auf der Straße gewesen. Das stimmt zwar nicht, Jakob muss sich aber der Willkür des Postens fügen. Er hat Angst, da Juden das Revier bislang nur tot verlassen haben. Während Jakob das Zimmer des Wachhabenden sucht, hört er zufällig im Radio – im Ghetto strengstens verboten – eine gute Nachricht: Die Russen rücken vor, sind bei Bezanika, schon bald könnten sie das Ghetto erreichen. Jakob ist froh, aber was nützt ihm diese Nachricht, wenn er auf dem Revier stirbt? Das Unerwartete geschieht: Jakob hat Glück, kommt mit dem Leben davon. Der zuständige Wachhabende entlässt ihn aus einer Laune heraus, und Jakob schleicht sich nach Hause. (10–22)

Zauberwort Bezanika

Als ersten verkündet er die frohe Botschaft vom russischen Vormarsch seinen ehemaligen Mitbewohnern Josef Piwowa und Nathan Rosenblatt, die bereits tot sind. Am Schicksal der beiden erfährt der Leser, an welch seidenem Faden das Leben im Ghetto hängt: Rosenblatt hat vor Hunger eine Katze gegessen und ist daran gestorben, Piwowa wurde in der Schuhfabrik vom Aufseher erschossen. (22–24)

Der Erzähler wechselt erneut zur Gegenwart und verrät, dass er 1921 geboren, mittlerweile 46 Jahre alt ist. Niemand interessieren seine Geschichten von früher, alle versuchen, das schlimme Gestern zu verdrängen oder mit prallem Heute zu übertünchen. Das gelingt dem Erzähler nicht, und er will es auch nicht, da jeder Baum in seiner Stadt vom furchtbaren Damals spricht. Er lebt mit der Tatsache, dass einem ›Mahner‹ wie ihm die schöne neue Nachkriegswelt kein Ohr leiht. (24–26)

Die rettende Lüge

Auf dem Bahnhof rettet Jakobs erste Lüge das Leben Mischas, der gerade aus einem Waggon Kartoffeln klauen will. Eigentlich dürfte Jakob nichts von den Radio-Nachrichten preisgeben, denn nur ein Nazi-Spitzel könnte das Revier lebend verlassen haben. Diese Bedenken lässt Jakob fallen. Schließlich steht Mischas Leben auf dem Spiel, und so berichtet er ihm von den heranrückenden Russen. Mischa hält das für billigen Trost, bis Jakob erklärt, er besitze ein Radio. Das ändert alles, das Leben bekommt wieder einen Sinn, und fortan gilt Nachrichtenmann Jakob als Monopolist der Hoffnung. Unter dem Siegel der Verschwiegenheit verbreitet sich seine Lüge flugs im ganzen Ghetto. Nach einem Gespräch mit seinem alten Freund Kowalski erkennt Jakob, dass seine erste Radiolüge kein Strohfeuer der Hoffnung bleiben darf. Die Bewohner des Ghettos verlangen mehr davon. (26–43)

Der Erzähler gibt Jakob als Hauptquelle seiner Geschichte an, gesteht jedoch zu, dass er vieles durch seine Vorstellungskraft ergänzen und das hinzufügen muss, was Jakob gar nicht wissen konnte. Zudem möchte der Erzähler dem Leser nicht nur die Geschichte einer unverwechselbaren Person weitergeben, sondern ein Muster für vergleichbare Geschichten und den Umgang mit ihnen liefern. (43–45)

Keimende Hoffnungen

Wie viel Hoffnung Jakobs erste Lüge sät, belegt Mischas Absicht, seine Freundin Rosa zu heiraten. Ihr Vater, Felix Frankfurter, hält das für absurd. Zukunftspläne in einer Zeit, in der es um Leben und Tod geht? Selbst als Mischa damit herausrückt, dass die Russen vor Bezanika stünden, Jakob ein Radio habe, bleibt Frankfurter verschlossen und ärgerlich. Der Grund: Frankfurter hat selbst ein Radio im Keller versteckt, das er nun vorsorglich zerstört, ehe die Gestapo bei ihm aufkreuzt. In Heyms Radio sieht Frankfurter eine Gefahr, weil er drakonische Strafmaßnahmen, zum Beispiel eine Durchsuchung des Ghettos, befürchtet. (45–60)

Rosa besucht Mischa. Die Gespräche der Verliebten verraten, wie viel Hoffnung Jakobs Radiolüge spendet. Sie denken über Heirat, Kinder und selbst über die Farbe der Küchenfliesen in einer künftigen Bleibe nach. Eine weitere Lüge rundet das kleine private Glück ab: Mischa gibt vor, sein Mitbewohner Isaak Fajngold sei taubstumm. Unter diesen Umständen und im Schutz einer spanischen Wand willigt Rosa ein, mit Mischa in seiner Einzimmerwohnung zu schlafen. (60–67)

Jakobs Radio findet im Ghetto nicht nur Freunde. Wie schon Frankfurter hält Herschel Stamm, ein frommer Jude, die Nachrichtenquelle für gefährlich. Insgesamt ist Jakob bei der Zwangsarbeit auf dem Bahnhof aber ein beliebter Partner für das Kistenschleppen, schließlich hoffen die meisten beiläufig auf weitere Neuigkeiten von ihm. Mit dem geschwätzigen Mischa, dem er seine Popularität verdankt, möchte Jakob nicht arbeiten. Stattdessen schuftet er mit seinem alten Freund Kowalski, der jedoch ebenfalls auf neue Nachrichten erpicht ist. Bedrängt von Kowalski, setzt Jakob weitere Lügen in die Welt. Er glaubt, dass sie als moralische Hilfe für das Überleben im Ghetto wichtig sein könnten. (67–75)

Jeden Abend besucht Jakob die achtjährige Lina, tauscht Zigaretten, damit sie zu essen bekommt. Er möchte sie später adoptieren, übernimmt eine Rolle als Ersatzvater, da ihre Eltern vor zwei Jahren deportiert wurden. Seitdem versteckt sich Lina auf einem Dachboden. Sie hat Keuchhusten und wird regelmäßig von Professor Kirschbaum, einem vormals berühmten Herzspezialisten, behandelt. Eine Gegenwelt zur Krankheit und der schwierigen Ghettosituation umreißen Jakobs Späße mit Lina, die sich wie seine Radiolügen auf der Schwelle zwischen Erfindung und Wirklichkeit bewegen. (75–83)

Streit ums Radio

Im Ghetto haben sich zwei Parteien gebildet: die der Radiofreunde und die der Radiogegner. Verzehren sich die einen nach neuen Nachrichten, so fürchten die anderen, das Ghetto könnte von den Deutschen gefilzt werden. Schließlich drohen dem Radiobesitzer und seinen Mitwissern strenge Strafen. Aber der positive Effekt der Radiolügen ist unübersehbar. Die Morgenröte der Zukunft leuchtet, so dass die Selbstmordrate im Ghetto drastisch sinkt. Zu den Radiogegnern gehört zum Beispiel Herschel Stamm. Er glaubt, seine Gebete haben einen Stromausfall im Ghetto bewirkt und das verhasste Radio zeitweise lahm gelegt. Jakob muss also zunächst nicht mehr lügen. (83–87)

Als der Stromausfall länger dauert, planen die Radiofreunde, das Radio zum Strom zu bringen. In Kowalskis Straße ist noch welcher vorhanden. Der Angsthase Kowalski schafft es gerade noch, Mischa und Schwoch diesen gefährlichen Plan auszureden. (87–94)

Widerstand?

Um Widerstand und Befreiung kreist das Kinderspiel von Lina, Rafael und Siegfried sowie der folgende Erzählerkommentar. Widerstand? Den hat es im Ghetto nicht gegeben. Der Erzähler kennt nur, sich selbst eingeschlossen, folgsame Unterdrückte, die unter Todesangst hoffen, mit dem Leben davonzukommen. Vom Heldentum in anderen Lagern redet er mit Respekt und Bewunderung, aber nichts von alledem gilt für ›sein‹ völlig unheroisches Ghetto. (94–99)

Gegen den Nazi-Terror kommt Jakobs sanft keimende Hoffnung nicht an. Seine ganze Ohnmacht zeigt sich, nachdem ein deutscher Trupp das defekte Stromkabel im Ghetto repariert hat. Die Elektriker aus dem Ghetto, die den Fehler nicht gefunden haben, werden als Saboteure erschossen. (99 f.)

Jakob fühlt sich unter Druck, als der Strom wieder fließt: Sein Radio muss wieder senden. Neue Nachrichten werden erwartet, aber woher soll er sie bei seinem »erschöpften Erfindergeist« (102) nehmen? Unter Lebensgefahr stiehlt Jakob Zeitungsfetzen von einem deutschen Klosett. Selbst wenn Kowalski die Hintergründe von Jakobs verwegener Kloaktion verborgen bleiben, lenkt er einen Posten ab, der Jakob bestimmt getötet hätte. Für den Kistenstapel, den Kowalski absichtlich einstürzen lässt, kassiert er reichlich Prügel – aber dafür ist Jakob gerettet. Der ängstliche Kowalski erstrahlt unvermutet als, wenn auch lädierter, Held. (101–111)

Jakobs Kloaktion

Die Klo-Zeitung – lauter Todesanzeigen – gibt wenig für Jakobs Nachrichten her. Aus diesem Grund entschließt er sich, das Radio sterben zu lassen. Er sagt Kowalski, es sei defekt. Lina lauscht dem Gespräch und weiß jetzt von Jakobs Radio. (111–126)

Der Erzähler schiebt die Geschichte des erfolgreichen Anwalts Leonard Schmidt ein, der ins Ghetto musste, weil sein Urgroßvater Jude war. Mitten aus dem Leben eines angesehenen Juristen, der sich als Deutscher fühlte, sich gar ein Eisernes Kreuz verdiente, kam er wegen jüdischer Vorfahren ins Ghetto. Schmidt, der an diesem Tag mit Jakob auf dem Bahnhof zusammenarbeitet, sieht, wie Jakobs Lüge ihr erstes Opfer fordert. Herschel Stamm, einst Gegner des Radios, tröstet Insassen eines Waggons, die offenbar in ein Vernichtungslager transportiert werden. Den sonst ängstlichen Herschel beseelt die Hoffnung, dass die russische Armee bald das Ghetto befreit. Seinen zweiten Gang zum streng verbotenen Waggon bezahlt der mutige Herschel mit dem Leben. Jakob fühlt sich schuldig, weil seine Nachrichten zu solchem Heldentum anstacheln. (126–141)

Linas Ahnungen

Lina durchsucht Jakobs Wohnung nach dem Radio, und Jakob überrascht sie dabei. Er verzichtet darauf, sein fiktives Radio zu zerstören, weil es so viel Zuversicht auslöst, weil Herschel Stamm sogar dafür gestorben ist. Vor diesem Hintergrund ist das defekte Radio schon »so gut wie repariert« (141–149).

So lehnt Jakob das Angebot des Rundfunkmechanikers Josef Najdorf, das Radio wieder in Ordnung zu bringen, großzügig ab. Jakob will die Hoffnung nicht sterben lassen, sein Radio sendet wieder und kündet von Erfolgen der immer näher rückenden Russen. Jakob beschließt, ab jetzt großspuriger zu lügen und seiner Fantasie freien Lauf zu lassen. Kowalski beflügelt die Nachricht vom intakten Radio, und er denkt gemeinsam mit Jakob über die sinnvollsten Geldanlagen für die Zukunft nach. (149–160)

Auf Drängen Linas zeigt Jakob endlich sein ›Radio‹. Er führt ihr das Gerät im Keller vor, ohne dass sie es sehen kann. Jakob ahnt, dass die kluge Lina sein Spiel durchschaut, aber er braucht jemanden, mit dem er sein Geheimnis teilen kann und der ihn nicht verrät. Neben einem Interview mit Winston Churchill und einem Konzert hört Lina das Märchen von der kranken Prinzessin, in dem – wie gleichzeitig im Ghetto – der Glauben Berge versetzt bzw. Leben spendet. Diesen Keller, Jakobs Radiostation, besucht der Erzähler später im Zuge seiner Recherchen. (160–174)

Isaak Fajngold wurde offenbar umgebracht oder deportiert. Jedenfalls kehrt er nicht mehr in seine Wohnung zurück, so dass sie Mischa und Rosa für sich haben. Rosa ist verstört und möchte das Zimmer aus Pietät so eingerichtet haben, wie es früher war: geteilt durch spanische Wand, Vorhang und Schrank. (174–181)

Jakob hört, wie Lina das Märchen von der kranken Prinzessin auf ihre Weise den Nachbarsöhnen erzählt. Sie habe es »›von Onkel Jakob‹« (182) – und nicht etwa aus dem Radio! Jakob will sie nicht stören und macht stattdessen einen Spaziergang, denkt dabei an seine alte Liebe Josefa, die fast seine Frau geworden wäre. Zu Hause besucht ihn Kirschbaum. Er weist darauf hin, welchen Gefahren Jakob die Ghetto-Bewohner mit seinem Radio aussetzt. Jakob streitet mit Kirschbaum. Letztlich weiß er um den Terror, um den Hunger im Ghetto, um die Deportationen und darum, dass seine Nachrichten daran unmittelbar nichts ändern. Gerade deswegen möchte Jakob den letzten Funken Hoffnung nicht verglimmen lassen. Kirschbaum hält ein, als Jakob erwähnt, dass sich seit der Radiozeit niemand mehr im Ghetto umgebracht hat. (181–196)

Kurz danach holen Kirschbaum zwei SS-Männer von zu Hause ab. Er soll Sturmbannführer Hardtloff behandeln, der einen Herzanfall erlitten hat. Kirschbaum ist in einem Dilemma: Hilft er Hardtloff, unterstützt er die Nazis und steht bei seinen Leuten schlecht da. Verweigert er dem Gestapo-Chef medizinische Hilfe, wird Kirschbaum – und vielleicht seine Familie – mit dem Leben bezahlen. Dieser tragischen

Hardtloffs Ende

Situation entzieht sich Kirschbaum, indem er sich vergiftet und Hardtloff sterben lässt. (196–207)

Der Erzähler erklärt, wie er von Kirschbaums Fahrt zu Hardtloff so genau erzählen könne, obwohl er nicht dabei gewesen ist. Er erläutert, dass er seine Erzähllücken durch Recherchen gefüllt hat. So reiste er im besagten Fall Kirschbaum nach Berlin-Schöneberg, wo einer der SS-Männer, Preuß, mit Frau und zwei Kindern wohnte. Als ihn der Erzähler besucht, ist Preuß »entnazifiziert« und gilt damit offiziell als anständiger deutscher Bürger. Preuß berichtet dem Erzähler aus seiner Sicht von der Autofahrt. (207–213)

Zu Besuch bei Preuß

Hardtloffs Tod hat Folgen: kein Mittag für die Zwangsarbeiter am Bahnhof. Als Ersatz dafür, quasi als Seelennahrung, erzählt Jakob von den Fortschritten der russischen Armee. Der völlig entkräftete Leonard Schmidt rafft sich bei der Arbeit noch einmal auf, als ihm Jakob neueste Informationen von Churchill zusteckt. Würde Schmidt resignieren, wäre er wohl ein toter Mann. (213–220)

Mischa erfährt, dass die Nazis die Franziskaner Straße räumen, in der seine Freundin Rosa wohnt. In letzter Minute gelingt es Mischa, Rosa vor der Deportation zu bewahren. Vom Fenster in Mischas Wohnung sieht Rosa, wie viele ihrer Nachbarn in einem langen Menschenzug zum Bahnhof geleitet werden. Unter diesen Menschen vermutet sie auch ihre Eltern. Rosa ist verzweifelt, streitet heftig mit Mischa und beklagt, dass alle Reden, alle hoffnungsfrohen Worte nichts an der grausamen Wirklichkeit ändern. (220–231)

Geplatzte Hoffnungen

Mischa glaubt im Gespräch mit Jakob nicht mehr an ein gutes Ende. Und Jakob hat Mühe, aus den Deportationen noch etwas Gutes herauszulesen. Er vermutet dahinter

Panik-Aktionen der Deutschen, da die Russen schon nah sind. (231 f.)

Rosa wohnt jetzt bei Mischa. Heimlich besucht sie noch einmal die alte Wohnung in der Franziskaner Straße, wo sie sich traurigen Gedanken hingibt und ein paar Habseligkeiten zusammenrafft. Dann geht Rosa zu Jakob, den sie aus Mischas Berichten kennt. Bei Jakob trifft sie zunächst auf Lina, die vermutet, dass Rosa wie alle anderen wegen der Nachrichten kommt. Rosa erzählt, dass sie nicht an Jakobs Nachrichten glaubt und verschwindet, als Jakob auftaucht. Auf der Straße sieht Rosa, wie Deutsche Kirschbaums Schwester verhöhnen und abführen. Sie wird gemäß der »Sippenhaft« (243) bestraft, weil ihr Bruder Hardtloff sterben ließ. (232–244)

Mischas und Rosas Zuversicht bröckelt, Lina verteidigt ihren Onkel Jakob mit Lügen, und der sieht den Hoffnungsstreifen am Horizont mehr und mehr verblassen. Jakob wird immer mutloser und gibt gegenüber Kowalski zu, dass er kein Radio besitzt, niemals eines besessen habe. Jakobs Trost kommt gegen den massiven Terror der Deutschen nicht mehr an, die das Ghetto systematisch entvölkern. Wie Seifenblasen lässt dieses Geständnis alle Hoffnungen Kowalskis platzen, der sich kurz danach erhängt. Jakob macht sich Vorwürfe und ›findet‹ sein Radio wieder. Er möchte nicht riskieren, dass sich noch mehr Menschen umbringen. (244–257)

Trost und Terror

Der Erzähler weist darauf hin, dass die Geschichte auf den Schluss zusteuert. Trotz Jakobs Hoffnungsarbeit endet sie nicht glücklich. Damit ist der Erzähler nicht zufrieden, und so präsentiert er dem Leser alternativ wenigstens in der Fantasie ein Happy End. Bei diesem glücklichen Ende büßt

Jakob, der aus dem Ghetto fliehen will, als glorreicher Märtyrer mit dem Leben. Über seine mehr oder weniger heldischen Motive lässt der Erzähler den Leser spekulieren. Jakob stirbt bei diesem Schluss durch eine Salve aus einer Maschinenpistole – aber zugleich ertönt der Geschützdonner der herannahenden russischen Armee. Das wirkliche Ende sieht anders aus: keine russischen Befreier, alle Juden werden deportiert und fahren dem Tod entgegen. Darunter Jakob, Lina und der Erzähler, die sich auf dieser Fahrt anfreunden. Der Erzähler, einer der wenigen, die überleben, hört von Jakob die Geschichte des Radios. »Schatten von Bäumen« (283) verdunkeln das Ende. (257–283)

3. Figuren

Opfer und Täter

Beckers Romanfiguren gehören zwei konkurrierenden Welten an: In der einen leben die Juden, in der anderen die Deutschen. Verleiht Becker den Juden – allen voran Jakob Heym und seinem engsten Umfeld – individuelle Züge, so bleiben ihre Gegenspieler meist Karikatur. Die Deutschen versuchen die Juden im Roman wie in der historischen Wirklichkeit mit Regeln (der gelbe Stern) und Verboten (Ausgangssperre) zu einer gesichtslosen Masse zu erniedrigen. Die Porträtkunst von *Jakob der Lügner* arbeitet dem entgegen und gibt den Opfern menschliche Würde zurück. Das Schicksal der Juden im Zweiten Weltkrieg bringt Becker dem Leser nahe, indem er aus der endlosen Galerie Deportierter und Ermordeter einzelne Figuren hervorhebt, die er in ihren menschlichen Stärken und Schwächen zeigt. Die Täter bleiben Nebenfiguren, auch wenn sie über Leben und Tod bestimmen. Ebenso zweigliedrig wie das Figurenensemble ist die Rahmenhandlung angelegt: Der Erzähler lebt mental in einer völlig anderen Welt als das Gros der Nachkriegsdeutschen. Predigt der Erzähler das Erinnern, so preist seine Umwelt das Vergessen.

Der namenlose Ich-Erzähler. Der namenlose **Ich-Erzähler** und Jakob sind eine Art Zwillinge und beide unerlässlich für die Geschichte. Das Schicksal des einen ist an das des anderen gekettet: Jakobs Geschichte kommt nur durch den Erzähler auf die Welt, und der Erzähler kann sich nur entlasten, indem er Jakobs Geschichte überliefert. Der Erzähler hält die Fäden der Erinnerung zusammen, verknüpft sie nach seinem Geschmack und Interesse: Er möchte diese Geschichte loswerden und damit seine bedrückende Kriegsvergangenheit bewältigen. In Ansätzen erfährt der Leser etwas über die Biografie des Erzählers, seine Motivation zu erzählen. 1921 geboren, hat er Ghetto und KZ als junger Mann durchlitten. Rund zwanzig Jahre nach Kriegsende, 1967, erzählt er Jakobs Geschichte. Er ist gewissenhaft, recherchiert genau, füllt aber Erzähllücken mit seiner ›objektiven Fantasie‹. In einer Zeit, in der niemand traurige Geschichten vom Holocaust hören möchte, vermittelt er seine unpopuläre Sicht der Dinge. Das fällt ihm schwer, und der Alkohol hilft, die Zunge zu lösen. Wenn er an damals, an Hardtloff und seine Schergen denkt, fühlt er sich ohnmächtig, wütend: »Ich weine darüber, ich würde sie alle umbringen, wenn ich es könnte« (9). Der Erzähler beansprucht nicht, unparteiisch Geschichte zu schreiben, das zeigen beispielsweise die beiden Enden des Romans. Trotz seines auktorialen Blicks, den der zeitliche Abstand nur scheinbar gewährt, steht er als Betroffener mitten im Geschehen, denn er hat das Ghetto erlebt und als einer der wenigen überlebt. Und so kommentiert er auf dem bleiernen Grund eigener Erfahrung, wie schwierig es für Deutsche und Juden ist, mit dem Holocaust nach dem Krieg umzugehen. Ironie hält das Furchtbare so weit auf Distanz, dass es für ihn noch erzählbar ist. Sein engagiertes wie tastendes Erzählen legt dem Leser nahe: Bilde dir selbst ein Urteil zu dieser Geschichte!

Wut des Erzählers

Jakob Heym. Aus Jakob Heym wird zufällig ein Hoffnungsträger, als er auf dem Revier der Deutschen eine Nachricht aufschnappt: Die Russen rücken vor. Mit dieser

Neuigkeit bewahrt Jakob Mischa vor einem todesmutigen Kartoffelraub. »›Ich habe ein Radio!‹« (32) lauten Jakobs Zauberworte, mit denen er Mischas Leben rettet und das Klima im Ghetto grundlegend verändert. Jakobs Radiolüge verbreitet sich rasch, macht ihn zum Helden, der immer weiter Hoffnung erfinden muss. Jakob flunkert aus Menschenliebe, er ist ein Schelm der Zuversicht. Von seinem Wesen her ist Jakob ein hilfsbereiter Mensch und uneigennütziger Tröster, den man schon vor der Ghetto-Zeit gern aufsucht, »weil er eine Kleinigkeit überzeugender als andere ›Kopf hoch‹ sagen« (250) kann. Jakobs erfundenes Radio sendet Nachrichten voller Zukunft in ein Ghetto, in dem die Zeit abgelaufen scheint. Solche frohen Botschaften machen die Ghettobewohner süchtig – sie wollen mehr vom Aufputschmittel Hoffnung. Und Jakob sendet erfolgreich weiter: Die Selbstmorde im Ghetto gehen drastisch zurück, »ganz plötzlich ist morgen auch noch ein Tag« (32).

Ein alltäglicher Held

Bei alldem ist Jakob ein ganz alltäglicher Held. Seine Courage reichte bislang dazu, ein Waisenkind zu verstecken und damit (zunächst) vor der Deportation zu retten. Jetzt tritt Jakob als Mutmacher im großen Format, gar als Lebensretter auf. Unter den Bedingungen des Terrors sind die Spielräume, etwas zu verändern, tödlich eng – und eigentlich ist Jakob keine Kämpfernatur. Der frühere Eisverkäufer und Kartoffelpufferbäcker wächst über sich hinaus, als er merkt, wie wichtig seine Lügen für das Ghetto sind. Er setzt sein Leben aufs Spiel, um von einem deutschen Klo Zeitungsfetzen zu klauen und damit neue Nachrichten für seinen Sender zu erhalten. Die Hoffnung zieht durch Jakobs Radiolügen ins Ghetto ein, aber nicht alle Ghettobewohner stehen hinter ihm. Einige von ihnen befürchten Strafen der

Deutschen. Jakob streitet mit den Gegnern des Radios, lügt letztlich im großen Stil, als Herschel Stamm sich für die Hoffnung opfert. Trotz aller atmosphärischen Erfolge plagen Jakob Selbstzweifel, er ist und bleibt ein »Lügner mit Gewissensbissen« (150f.). Seine Skepsis nimmt zu, als die Deportationen unentwegt weitergehen, Straße um Straße ins Lager verfrachtet wird. Letztlich driften Jakobs Erzählungen und die Wirklichkeit immer stärker auseinander. Seine Lügen helfen den Juden zwar kurze Zeit, menschenwürdiger zu leben, aber sie bewahren weder Jakob noch seine Weggefährten vor dem gewaltsamen Tod.

Die Radiofreunde im Ghetto. Viele Ghettobewohner klammern sich an die positiven Aussichten, die Jakobs Nachrichten ahnen lassen. Zu ihnen gehört **Kowalski**, der Jakob als Nachbar und Freund seit vierzig Jahren kennt. Fast wie ein altes Ehepaar sind Kowalski und Jakob häufig anderer Meinung, aber die vielen gemeinsamen Jahre lassen sie nicht ohne einander auskommen. Einst Friseur, hat sich Kowalski die Redseligkeit seines Berufsstandes erhalten. Das bauernschlaue »Fuchsgesicht« (41) steckt voller Wissbegier und ist auf neue Nachrichten Jakobs erpicht: »›Gibt's was Neues?‹« (73) Selbst wenn Kowalski im Gegensatz zu Jakob niemals wagen würde, unter Lebensgefahr Nachrichten zu verbreiten, handelt er im Ernstfall auch heldenhaft. In höchster Not rettet er Jakob in der Klo-Episode das Leben und riskiert dabei, das Leben zu verlieren. Wie sehr Kowalski die Nachrichten Jakobs braucht, belegt sein Selbstmord, nachdem ihm Jakob offenbart hat, dass er niemals ein Radio besessen habe. Kowalski erscheint wie die meisten Figuren des Ghettos als Sympathieträger, als Mensch mit Stärken und Schwächen: »mißtrauisch, verschroben, ungeschickt, geschwätzig, obergescheit, wenn man alles zusammenrechnet, im nachhinein, plötzlich liebenswert« (256).

Die naive Sicht der achtjährigen **Lina** vermittelt, wie Wunschbilder zu Trugbildern werden können. Seit ihre Eltern vor zwei Jahren deportiert wurden, versteckt sich die Waise mit Jakobs Hilfe auf einem Dachboden. Krank und hilfsbedürftig, lebt Lina von den Arztbesuchen Professor Kirschbaums und von Jakobs Lügen, obwohl sie sie durchschaut (Keller-Szene). Leidenschaftlich gern geht sie mit »Onkel Jakob« auf Fantasie-Reisen. Fieberhaft sucht sie deswegen nach seinem Radio, das so wunderbare Geschichten erzählt, zum Beispiel die von der kranken Prinzessin. Dieses Märchen erzählt im übertragenen Sinne von Lina und einer Zeit, als das Wünschen noch geholfen und Wolken zu Watte gemacht hat. Jetzt vermag der starke Glauben nichts mehr gegen den Terror der Wirklichkeit. Die Utopien wiegen leichter als Watte, sie platzen wie Seifenblasen beim endgültigen Transport ins Lager.

Auch **Rosa Frankfurter** und **Mischa** zehren von Jakobs Nachrichten. Die einzige Tochter der Frankfurters und Jakobs Arbeitskollege lieben sich und blicken seit den Meldungen vom Vormarsch der Russen hoffnungsfroh nach vorn: »Seit gestern ist morgen auch noch ein Tag« (50). Mischa und Rosa schmieden Heiratspläne und erschwindeln sich – der ›taubstumme‹ Fajngold – ein bescheidenes Glück im Winkel. Ein Schein von Normalität ist für die Liebenden durch Jakob im Ausnahmezustand wieder möglich. Der Hauch von Glück verfliegt und schlägt bei Rosa in Verzweiflung um, als ihre Eltern deportiert werden. An Rosa zeigt der Erzähler, welch schmaler Grat zwischen einem optimis-

Glück im Winkel

tischen Lebensgefühl und weltfremder Selbsttäuschung verläuft.

Die Radiogegner im Ghetto. Einige Bewohner des Ghettos fürchten Strafaktionen, wenn die Deutschen von Jakobs Radio erfahren. Zu dieser Gruppe gehört das **Ehepaar Frankfurter.** Felix Frankfurter dominiert die Beziehung, seine Gattin geht zeittypisch in ihrer Frauenrolle auf. Er ist zugleich Träumer und Realist, lebt einerseits im Museum einer schöneren Vergangenheit und weiß andererseits, wie absurd Mischas Vorschlag ist, Rosa zu heiraten. Dabei beklagt er die pervertierte Situation im Ghetto: »›Das sind diese gottverfluchten Zeiten, wo ganz normale Wünsche wie Ungeheuerlichkeiten klingen (52).‹« Unter solchen Bedingungen geben dem mittelprächtigen Theater-Schauspieler die Gewohnheiten von einst Halt: Er pflegt eine bildreiche Sprache, seinen Künstlergestus (Schalträger) und raucht Pfeife, obwohl es an Tabak fehlt. Frankfurter besitzt ein richtiges Radio, das er im Keller versteckt hält und aus Angst vor Razzien zerstört. Ironischerweise vernichtet Frankfurter ein Radio, mit dem tatsächlich Nachrichten empfangen werden könnten, wohingegen Jakob Nachrichten eines Radios verbreitet, das nicht existiert.

Die **Geschwister Kirschbaum** gehörten vor der Ghettozeit zur guten Gesellschaft Krakaus. Professor Kirschbaum ist ein anerkannter Herzspezialist und versucht im Ghetto gemeinsam mit seiner Schwester Elisa die Würde der ehemaligen gesellschaftlichen Position und seines Berufsstandes über die Zeit zu retten. Kirschbaum wirft Jakob die Gefahren des Radios vor, wird jedoch nachdenklich, als Jakob erwähnt, dass seit der Radiozeit keine Selbstmorde mehr im Ghetto zu beklagen sind. Er gehört zu den wenigen Figuren, die passiv Widerstand leisten. Als Kirschbaum dem Gestapo-Chef Hardtloff helfen soll, zieht er es vor, sich zu vergiften. Ebenso wahrt seine Schwester Elisa beim Besuch der SS-Männer ihre Haltung. Trotz der bedrohlichen Situation setzt sie gegen den rauen Ton der Deutschen ihr kultiviertes Verhalten und steckt ihrem Bruder heimlich Gift zu.

Passiver Widerstand

Der strenggläubige und vorsichtige Jude **Herschel Stamm** gehört zunächst zu den Gegnern von Jakobs Radio. Der einstige Synagogendiener versteckt seine verbotenen Schläfenlocken im Sommer und Winter unter einer Fellmütze. Gott bittet er, das »verfluchte Radio« (87) zu vernichten. Selbst dieser eingefleischte Skeptiker lässt sich schließlich von Jakob anstecken und wird zu einem flammenden Märtyrer der Hoffnung. Mit Jakobs Meldungen tröstet Herschel auf dem Bahnhof Insassen eines Waggons, die voraussichtlich in ein Todeslager deportiert werden. Herschel zahlt für seinen Mut und wird erschossen. Die Wandlung Herschels stachelt Jakob an, sein Radio weiter senden zu lassen. Der Leser verfolgt dieses Einzelschicksal aus nächster Distanz, die anonyme Masse der Opfer bekommt im Sinne Jean-Paul Sartres ein Gesicht: »Ein Toter ist ein Unglück, tausend Tote sind eine Zahl«.

Das Spektrum der Ghettobewohner rundet **Leonard Schmidt** ab, ein Jude mit Ehrgeiz zum »deutschen Nationalisten« (128). Diesen ambitionierten Juden, der sich als Deutscher fühlt, überrascht der Rassenwahn, weil er sich mit dem Volk der Täter grundsätzlich identifiziert. Er kann nicht begreifen, dass er als erfolgreicher Jurist in dieses Ghetto gekommen ist. Das alles, »weil sein Urgroßvater in die Synagoge gegangen ist und seine Eltern dumm genug waren, ihn beschneiden zu lassen« (128). Aus ganz anderen Motiven als beispielsweise Kirschbaum leistet Schmidt passiv Widerstand, als er im Ghetto mit seinem Eisernen Kreuz einen Posten düpiert – und glücklich mit dem Leben davonkommt.

Die Deutschen. Becker stellt die Opfer nationalsozialistischer Rassenpolitik in den Mittelpunkt seines Romans. Wie aber sehen die Täter aus? Der unfassbare Terror hört auf den Namen **Hardtloff**, der gestaltlos bleibt. Wie ein antikes Schicksal schwebt der Gestapo-Chef über den Juden, assistiert von unzähligen Wehrmachtssoldaten als seinen Todesengeln. Auch wenn Becker die Deutschen weniger differenziert zeichnet, hält er an dem Widerspruch fest, dass im Dritten Reich Menschen wie du und ich unmenschlich handeln konnten. So sind Kontakte zwischen den Bewohnern des Ghettos und den Deutschen meist über Gewalt vermittelt: von der Bewachung über die Einteilung zur Zwangsarbeit bis hin zum Mord. Eine Ausnahme: der **Wachhabende** zu Beginn. Gegenüber Jakob, der auf dem Revier Todesängste aussteht, gibt er sich kumpelhaft und lässt den Juden laufen. Die Willkür der Täter lässt beides zu: bestrafen und begnadigen. Niemand weiß, ob der namenlose Bürokrat an diesem Abend lediglich gut gelaunt ist oder menschlich handelt.

›Schicksal‹ und Todesengel

Preuß weist ebenfalls Ansätze eines gemischten Charakters aus. Er ist einer der vielen Soldaten, die im Dritten Reich scheinbar nur ihre Pflicht getan haben. Als SS-Mann gehört er allerdings nicht zu den Mitläufern, sondern er führt aktiv die Befehle von oben aus. Becker charakterisiert ihn dennoch nicht von vornherein als Bösewicht. Preuß sei »ein recht großer Mensch, braunhaarig, schlank, gutaussehend, höchstens etwas weichlich« (197). Er ist höflich, wahrt die Form, obwohl er das als SS-Mann – zum Beispiel, als er gemeinsam mit Meyer Kirschbaum abholt – nicht unbedingt nötig hätte. Die böse Seite der Macht in den unteren Etagen verkörpert der dicke wie brutale **Meyer**. Becker lässt offen, ob Preuß eher strategisch als human handelt, als er seinen grobschlächtigen Kollegen zurückpfeift: »Preuß sieht ihn dienstlich an, Sonderauftrag« (199). Was hat es also auf sich mit der »relativen Freundlichkeit dieses Preuß«? Laut Erzähler sei das »dessen persönliche Note«, sie »berechtigt einen zu nichts« (202). Dieser höfliche Täter gibt sich nach dem Krieg als Unschuldslamm. Er lebt als Familienvater in Berlin und legt dem Erzähler ungefragt seine Entnazifizierungsurkunde vor. Ohne über das eigene mörderische Tun nachzudenken, beschwert er sich gar, dass ihn Kirschbaum fast mit Gift umgebracht hätte. Beschäftigt den Erzähler die schreckliche Vergangenheit, so erfüllen Preuß Frühlingsgefühle: »›Es wird wieder Mai (212).‹«

Erzähler: hält alle Fäden in der Hand

Radiofreunde	Radiogegner	Die Deutschen
Jakob Heym: Monopolist der Hoffnung	Ehepaar Frankfurter: Das Theater kommt gegen die Wirklichkeit nicht an	Hardtloff: gestaltlos, aber Synonym für Terror
Kowalski: Friseur und Fleisch gewordene Neugier	Geschwister Kirschbaum: persönliche Haltung in haltloser Zeit	Preuß: »tut nur seine Pflicht«
Lina: Waise, die von Jakobs Lügen lebt	Herschel Stamm: vom Radiogegner zum Märtyrer	Meyer: die böse Seite der Macht
Rosa und Mischa: Liebende im Schatten des Todes	Leonard Schmidt: vom Rassenwahn überraschter Nationalist	

4. Komposition

Ein Ghetto voller Leid, ein Lügner, der darin Hoffnung verbreitet und letztlich die Waggons in Richtung Tod nicht aufhalten kann – das wäre die traurige Geschichte von *Jakob dem Lügner*, wenn ein entscheidendes Element der Komposition fehlte. Was Beckers Roman Ende der 1960er-Jahre so neu und unerhört macht, ist die Figur des ironisch-humorvollen Erzählers, der sich aus seiner Gegenwart an Jakob Heyms »kleine Nachrichtenfabrik« (272) erinnert. Als das Buch erscheint, ist das zugleich die Gegenwart der Leser. Mit dieser Schlüsselfigur, die alle Erzählfäden in der Hand hält, nimmt das abstrakte Thema Vergangenheitsbewältigung Fleisch und Blut an: Kein Täter schaut zurück oder bereut gar, sondern ein Opfer der Nazi-Zeit hält die Erinnerung lebendig. Der Erzähler wirft all die unangenehmen Fragen auf, über die in der Verdrängungskultur nach 1945 niemand stolpern möchte. Er überlegt und fabuliert stellvertretend für diejenigen Leser, die ihr Gewissen noch nicht beruhigt oder offiziell per Entnazifizierungsurkunde (›Persil-Schein‹) bereinigt haben. Diesen Menschen kommt der Erzähler nah, weil er wie sie und wie die Figuren seiner Geschichte Schwächen zeigt. Angeregt von »ein paar Schnäpsen« (9), überblickt er nur scheinbar alles und muss viel erfinden, ja ›lügen‹. Er wirkt einerseits wie ein auktorialer Erzähler, der andererseits auf moralisch-didaktische Belehrung verzichtet. Das macht diese Figur sympathisch und hebt Beckers Romandebüt von anderen zeitgenössischen, vielleicht ebenfalls tief empfundenen Betroffenheits- und Leidensgeschichten aus dem Dritten Reich ab.

Erzähler als Schlüsselfigur

Kompositionell ist der Roman vom ersten Satz so angelegt, dass der Leser sich als Zuhörer fühlt, der einem langen Redestrom lauscht. Diesen Eindruck verstärken direkte oder indirekte Leseransprachen. So heißt es an einer Stelle »Ihr könnt aufhören zu raten, ihr kommt doch nicht darauf« (7) und an anderer »Wieso werfen große Ereignisse ihre Schatten voraus, fragt man sich« (83) oder »Wir wissen, was geschehen wird« (34). Dieses Stilmittel macht den Leser gleichsam zu einem Teil der Geschichte, zu einem Mitwisser. Direkt und indirekt angesprochen, entsteht bei ihm der Eindruck, die Geschichte exklusiv erzählt zu bekommen. Der Leser ist derjenige, der dem Erzähler – im Gegensatz zu den vielen, die von Schuld und »fragwürdigen Erinnerungen« (24) nichts wissen wollen – ein Ohr leiht und ihn dadurch entlastet. Um das Zuhören zu erleichtern, gibt der Erzähler seinem Stoff eine Dramaturgie. Er rafft, verdichtet, wählt aus, erfindet und macht mithin genau das, was der Autor des Buches auch tut. Der Erzähler blickt aus historischer Distanz auf das Erlebte und nimmt am Erzählten, mitunter als Figur, teil. Indem er erfindet, lügt er wie Jakob und nutzt seine Lügen für einen guten Zweck: Er möchte Jakobs Geschichte überliefern, seinen Zuhörern den Ball zuspielen – welches Kraut ist gegen Schweigen und Ignoranz gewachsen? –, um innerlich zur Ruhe kommen zu können. Die bloße Widerspiegelung der Ghettowelt genügt ihm nicht. Die Wahrheit der Geschichte Jakob Heyms liegt für ihn nicht im letzten historischen Detail, sondern in der Wahrscheinlichkeit und Glaubwürdigkeit seiner Geschichte. Dafür verbürgt der Erzähler einerseits das Erzählte zentimetergenau: »ich habe die Strecke nachgemessen, genau neunzehn Meter und sie-

Der Leser als Zuhörer

benundsechzig Zentimeter« (21) und lässt sich andererseits alle Freiheiten zu erfinden. In der Episode mit den Frankfurters weiß der Erzähler beispielsweise nur, »wie es ausgegangen ist, ich kenne nur das Resultat, nichts dazwischen, aber ich kann es mir nur so oder ähnlich vorstellen« (55). Er vermischt Dokumentarisches und Erfundenes und verfolgt damit das Konstruktionsprinzip des Autors von *Jakob der Lügner:* Auf der Basis genauer Recherchen schreibt Becker seinen Roman und geht dann mehr oder weniger frei mit den Tatsachen um. Der Grund: Der Roman soll keinen bestimmten Ort abbilden, sondern stellvertretend für viele andere Orte des Terrors und gescheiterter Hoffnung in dieser Zeit stehen.

Die Komposition bedingt einen losen, aber keineswegs wahllosen Wechsel zwischen zwei Zeitebenen: a) der Gegenwart des Erzählers und b) der Gegenwart Jakob Heyms. Die Geschichte Jakob Heyms ist traditionell linear erzählt und wird lediglich durch die Sprünge zum Erzähler, zu seinen Recherchen und durch Rückblenden einzelner Figuren unterbrochen: »Verderben wir uns den Genuß nicht mit Gerede, träumen wir uns für ein paar Züge in die alten Zeiten« (124). Der Ton passt zum Erzählen in jiddischer Tradition, das auf Redseligkeit – »Wir wollen jetzt ein bißchen schwätzen« (24) – und einen weit schweifenden Blick setzt. Solch episodisches Erzählen scheint auf den ersten Blick wild zu wuchern, hat aber bei näherem Hinsehen Methode. So markieren die einleitenden Sätze jeder Episode – »Es ist also Abend« (10), »Mischa kommt mit Rosa in sein Zimmer, und das ist eine ganze Geschichte für sich« (60) – klare Grenzen bzw. Orientierungspunkte. Darüber hinaus halten Leitmotive das Er-

Episodisches Erzählen

zählte zusammen, zum Beispiel die Bäume zu Beginn und am Ende des Romans. Gegen eine scheinbare Wahllosigkeit des Erzählens arbeitet auch der Spannungsbogen der Geschichte. Der mit der Historie vertraute Leser weiß zwar von Beginn an oder ahnt zumindest, dass die Geschichte nicht gut ausgehen wird. Jedoch fangen ihn immer wieder die Hoffnungen einzelner Figuren ein – werden Rosa und Mischa ein Paar? Kehrt Frankfurter jemals zum Theater zurück? Wird Kowalski wieder Friseur? – und lassen ihn bis zum Schluss für Momente daran zweifeln, ob das schlimme Ende tatsächlich eintritt.

Zwei Handlungsstränge

Unterschieden werden können zudem zwei Handlungsstränge: Auf dem einen ist zu sehen, wie Jakobs Hoffnungsmaschine auf immer höheren Touren läuft, auf dem anderen, wie die Wirklichkeit immer stärker in die Wunschwelt der fingierten Nachrichten eindringt. Die Möglichkeit der russischen Befreier und die Wirklichkeit der deutschen Mörder stehen sich unversöhnlich gegenüber, so dass zwei Romanenden nötig werden. In der ersten Schlussvariante überlebt die Hoffnung, in der zweiten die Wirklichkeit. Kompositionell erweist Becker zunächst seine Reverenz an eine Helden- und Märtyrergeschichte, die von einer sozialistischen Ästhetik bei diesem Thema erwartet wird – um sich von ihr dann schroff in der zweiten Variante zu verabschieden. Am Schluss meldet sich der Erzähler aus seiner Gegenwart nicht mehr zu Wort. Er lässt den Leser mit dem schrecklichen Tableau eines Zuges allein, dessen Menschen in den Tod fahren. Wo der Erzähler schweigt, scheint der Leser auf Fragen antworten zu müssen wie: Warum das alles? Wie konnte das kommen? Wie war es genau?

Indem der Roman durch seine offene Struktur am Schluss solche Fragen provoziert, trägt er im Idealfall zur Vergangenheitsbewältigung selbst bei solchen Lesern bei, die diese Vergangenheit nur noch aus Büchern kennen. Vor diesem Hintergrund ist *Jakob der Lügner* ein Grundkurs in der Schule historischen Bewusstseins.

Handlungsstrang I:	Handlungsstrang II:
Scheinsiege der Hoffnung	vom Sieg der Wirklichkeit
Jakobs Nachrichten lassen an eine Zukunft denken	Willkür der Nazis kaum kontrollierbar
Selbstmordrate geht auf null zurück	Hardtloff der Liquidator
Märtyrer der Hoffnung (Herschel Stamm)	Entvölkerung des Ghettos

↓

Rolle des Erzählers:
Überblickt Vergangenheit und Gegenwart
Auktorialer Erzähler mit leichter Sehschwäche: verdichtet, rafft, erfindet
Hält seine Zuhörer bei der Stange (Spannungsbogen)
Erzählt sich die Vergangenheit vom Leib
Zieht seine Zuhörer in die Verantwortung

5. Wort- und Sacherläuterungen

7,18 **Nutzmeter:** ungebräuchliche Maßeinheit für Holz. Wahrscheinlich ist die Holzausbeute nach einer Be- oder Verarbeitung des Stammes gemeint.[3]

8,20 **Verordnung Nr. 31:** Mit derartigen Verboten werden Juden beispielsweise im Ghetto Lodz seit September 1939 schikaniert. Solche Verordnungen untersagen jüdischen Organisationen den Besitz von Radios und sehen Zwangsarbeit sowie Ausgangssperren vor.

9,3 **ihr seid Juden, ihr seid weniger als ein Dreck:** Anspielung auf den »Wert« der Juden in Hitlers politischer Theorie. Am 6. September 1939 erscheint beispielsweise im Reichsgesetzblatt eine »Verordnung gegen Volksschädlinge« (vgl. S. 21,28–31).

10,8f. **Damm der Kurländischen:** Wie alle anderen Straßennamen des Ghettos ist auch dieser erfunden.

10,28 **Stern auf der Brust:** Seit 1939 müssen die Juden in den besetzten polnischen Gebieten auf ihrer Kleidung einen sechszackigen Davidstern mit der Aufschrift »Jude« tragen. Durch diesen gelben »Judenstern« sind sie öffentlich unübersehbar geächtet.

14,10 **Volksempfänger:** billiges Radio, das Hitler für seine Propaganda flächendeckend verbreiten will. Der Kurzwellenempfang ausländischer Sender ist mit diesem technisch einfachen, seit 1933 hergestellten Gerät nahezu unmöglich. Trotz guten Verkaufs (auch anderer Rundfunkgeräte) hören in Deutschland 1937 erst knapp 47 Prozent aller Haushalte Radio, 1941 rund 65 Prozent.

14,19 **bolschewistischen Angriff:** hier: den Angriff der russischen Truppen.

14,24–30 **Bezanika ... Mieloworno ... Pry ... Kostawka:** erfundene polnische Orte.

21,15f. **Bandmaß:** aufrollbares Metermaß.

26,18 **Tatare:** eigentlich Angehöriger eines einzelnen mongolischen Stammes, später auf Mongolen allgemein und Turkvölker in Süd- und Ostrussland ausgeweitet.

27,4 **koscher:** laut jüdischen Speisevorschriften rein und zum Verzehr erlaubt.

27,28 **Rockefeller:** Der amerikanische Industrielle und Ölmagnat John Davidson Rockefeller (1839–1937) verfügt auf dem Höhepunkt seiner Karriere über ein Privatvermögen von rund 1 Mrd. US-Dollar und ist damit der reichste Mann der Welt. Bis heute symbolisiert Rockefeller unermesslichen Wohlstand.

29,20 **Tscholent:** Da Juden am Sabbat nicht arbeiten sollen (s. 5. Mose 5,12–15), wird dieser (Bohnen-)Eintopf traditionellerweise bereits freitags zubereitet. Bis zum Verzehr am Samstag gart das Essen bei mäßiger Hitze im Backofen.

32,17 **Goj:** Juden nennen so Nichtjuden bzw. Ungläubige.

33,21 **deutsche Wochenschau:** kurzer Nachrichtenfilm über wichtige gesellschaftliche Ereignisse; seit 1910 in fast allen Kinos vor dem Hauptfilm zu sehen, später durch das Fernsehen als Informationsquelle abgelöst. Während der NS-Zeit dient die Wochenschau dazu, Propaganda zu verbreiten.

41,15 **Moissi:** Alexander Moissi (1880–1935), bekannter österreichischer Schauspieler.

47,3f. **Meerschaum:** weißes bis gelblich mattes Mineral, aus dem seit dem 18. Jh. Schmuck, Tabakspfeifen und Zigarettenspitzen gemacht werden.

48,29ff. **Tell ... Othello:** Anspielung auf emotionsgeladene

Szenen in Friedrich Schillers (1759–1805) Schauspiel *Wilhelm Tell* und William Shakespeares (ca. 1564–1616) Tragödie *Othello*.

52,32 **Rabbiner:** jüdischer Gesetzesgelehrter, Prediger und Religionslehrer.

52,33 **Chassene:** (jidd.) Hochzeit.

58,33 **Gestapo:** Kurzwort für die **Ge**heime **Sta**ats**po**lizei im Nationalsozialismus. Die Gestapo ist wegen ihrer Willkür und Unmenschlichkeit als Mittel politischen Terrors gefürchtet.

61,1 **spanische Wand:** zusammenklappbare, mit Scharnieren verbundene Wand, die aus mehreren Holzplatten oder mit Papier oder Stoff bespannten Holzrahmen besteht.

68,19 **Synagoge:** Ort für den jüdischen Gottesdienst und sonstige Versammlungen der Gemeinde.

68,20 **Schamess:** Diener in einer Synagoge.

70,17 **Schabess:** anderes Wort für Sabbat, den Ruhe- und Feiertag der Juden (Freitag- bis Samstagabend).

73,3 **Lauterkeit:** Aufrichtigkeit, Ehrlichkeit.

79,4 **Standrecht:** verkürztes, meist verschärftes Strafverfahren in Ausnahmezuständen wie Krieg. Das Standrecht erlaubt, Urteile sofort zu vollstrecken.

80,15 **Schweitzer:** Albert Schweitzer (1875–1965), evangelischer Theologe und Missionsarzt in Westafrika, der 1952 für sein jahrzehntelanges Wirken im Tropenhospital Lambaréné den Friedensnobelpreis erhält.

83,27 **Majdanek oder Auschwitz:** polnische Orte mit Konzentrations- und Vernichtungslagern, in denen die Nazis im Zweiten Weltkrieg weit über eine Million Menschen, vor allem Juden, umbringen.

89,30 **Stalins:** Josef Stalin (1879–1953), über drei Jahrzehnte Staatschef der Sowjetunion. Nach Lenins Tod lenkt er die Geschicke des Vielvölkerstaates mit diktatorischer Härte. Seinen »großen Säuberungen« fallen mehrere Millionen Menschen zum Opfer.

90,27 **en gros und en détail:** (frz.) Groß- und Einzelhandel.

93,5 **Zoress:** (jidd.) Not, Ärger.

96,7 **kaschen:** fangen, verhaften, ergreifen.

99,3f. **Warschau und Buchenwald:** polnische und deutsche Orte mit Konzentrationslagern. Im Warschauer Ghetto kommt es erstmals am 18. Januar 1943 zum bewaffneten Aufstand gegen Deportationen. Mitte Mai bricht die SS diesen Widerstand und das Ghetto wird dem Erdboden gleichgemacht. Insgesamt sterben bei den Kämpfen und in Vernichtungslagern über 50 000 Juden.

101,9 **Kiepura:** der Pole Jan Kiepura (1902–1966), ein international erfolgreicher Sänger.

102,27f. **Scholem Alejchem:** jiddischer Schriftsteller (1859–1916), eigentlich: Schalom Rabinowitsch. Seine Romane und Erzählungen handeln vom Alltag einfacher Kleinstadtjuden um die Jahrhundertwende. Weltruhm erlangt nach seinem Tod das Musical *The Fiddler on the Roof* (1964; dt. unter dem Titel *Anatevka* aufgeführt), das auf seiner Geschichte von »Tewje, dem Milchmann« beruht.

110,12 **Jakobleben:** Jakobs Nachname Heym und hebr. *Chaim,* zu Deutsch ›Leben‹, lauten ähnlich.

112,13 **Gauleiter:** ranghoher politischer Funktionär in einer Region (»Gau«), der Hitler direkt untersteht.

112,17 **Volksgerichtshof:** gefürchtetes Sondergericht des NS-Regimes, für Hoch- und Landesverrat sowie andere politische Delikte zuständig. Bei dessen Schauprozessen sind die Angeklagten chancenlos.

113,28 **Rebus:** Bilderrätsel.

114,33 **Duce:** Benito Mussolini (1883–1945) ist der Führer (ital. *duce*) der italienischen Faschisten. Er erlangt 1925 mit einem Staatsstreich diktatorische Vollmachten und zählt im Zweiten Weltkrieg zu Hitlers Verbündeten.

119,17 **Chale:** Mohnzopf, der als Festtagsbrot für den Sabbat oder andere jüdische Feiertage dient.

126,26 **Jontefarbeit:** Feiertagsarbeit.

127,24f. **Flandernoffensive, Verdun ... Krim ... Champagne:** im Ersten Weltkrieg Schauplätze teils schwerer Kämpfe.

129,4 **Eisernes Kreuz:** am 1. September 1939 wieder eingeführter deutscher Kriegsorden, der an eine preußische Tradition von 1813 anschließt. Das Ehrenzeichen wird für besondere Taten im Krieg, und zwar nicht nur gegenüber dem Feind, verliehen.

132,5 **Churchill:** Im britischen Premierminister Sir Winston Churchill (1874–1965) hat Hitlerdeutschland einen seiner erbittertsten Gegner.

132,14f. **Leonard Assimilinski:** spöttischer Name für den sich anpassenden Leonard Schmidt (assimilieren: anpassen, angleichen, verschmelzen).

145,16f. **Ali Baba vor dem Felsen Sesam:** Ali Baba ist Titelheld eines Märchens der gesammelten Geschichten aus *Tausendundeiner Nacht.* Der arme Ali Baba lauscht Räubern die Zauberformel »Sesam, öffne dich!« ab, mit der er Zugang zu einer Höhle mit unermesslichen Schätzen erhält. Er bedient sich am Schatz, bleibt aber bescheiden. Sein missgünstiger und raffgieriger Bruder Casim wird von den Räubern entdeckt und getötet.

145,35 **Sodom und Gomorrha:** zwei Städte im Alten Testament, die sinnbildlich für lasterhafte und chaotische

Zustände stehen und deswegen von Gott vernichtet werden (vgl. 1. Mose 19).

151,31 **Pontonbrücke:** bewegliche Schiffbrücke, die über Kähne oder ähnliche Schwimmkörper (Pontons) führt.

155,4 **Kretin:** eigentlich geistig und körperlich stark beeinträchtigter Mensch, dem von Geburt an Thyroxin, ein Schilddrüsenhormon, fehlt. Im übertragenen Sinne: Schwachkopf, Trottel.

173,2 **mazzot mit puter:** ungesäuertes Brot oder Osterkuchen der Juden mit Butter.

175,24f. **anstelliger ... Mensch:** geschickter, gelehriger Mensch.

185,11 **er pfeift »Zitronen und Pomeranzen«:** möglicherweise Anspielung auf *Wilhelm Meisters Lehrjahre* von Goethe (Geschichte der Eltern Mignons, VIII. Buch, 9. Kap.). Dort ist die Rede von »Spalieren, wo die Zitronen und Pomeranzen neben uns blühn«.

192,17f. **in medias res:** (lat.) ›mitten in die Dinge hinein‹, ohne lange Vorrede zur Sache kommend.

196,14 **SS-Standarte:** Flagge der Schutzstaffel (SS). Unter Hitler ist die SS als paramilitärische Elitetruppe für besondere Aufgaben zuständig und im Zweiten Weltkrieg maßgeblich an der Massenvernichtung von Menschen beteiligt.

198,6 **Buffet mit Nippes:** Anrichte, Geschirrschrank mit meist porzellanenen Zierfiguren oder Vasen.

198,12 **Itzigs:** verächtlich für: Juden.

201,2 **Sturmbannführer:** militärischer Dienstgrad der Waffen-SS, dem Major bei Heer und Luftwaffe der Wehrmacht vergleichbar.

201,24 **»Dis leurs ...«:** (frz.) »Sag ihnen, dass du nicht mehr daran gewöhnt bist.«

209,8 **Roten Armee:** eigentlich: Rote Arbeiter- und Bauernarmee. Von 1918 bis 1946 offizieller Titel der Streitkräfte der Sowjetunion, danach Sowjetarmee.

209,8f. **Partisanen:** bewaffnete Widerstandskämpfer im feindlichen Hinterland.

210,14 **Entnazifizierungsurkunde:** Nach dem Zweiten Weltkrieg versuchen die Siegermächte, den nationalsozialistischen Einfluss in Deutschland zu beseitigen, das Land zu entnazifizieren. Das geschieht vor allem dadurch, dass frühere Nazis aus Führungspositionen entfernt werden. Wer in dieser Hinsicht geprüft wird, erhält darüber ein entsprechendes Schriftstück. Die Entnazifizierung leidet unter der Menge anstehender Verfahren und darunter, dass sich Belastete mitunter wechselseitig von Schuld freisprechen.

210,28 **Siphon:** Gefäß, aus dem Getränke durch Zugabe von Kohlendioxid herausgedrückt werden.

215,18 **Nebbich:** (jidd.) leider, schade.

217,17 **Antisemit:** Judengegner, Judenhasser.

226,19 **Lebensmittelmarken:** Bezugsscheine, mit denen besonders in Kriegs- und Krisenzeiten knappe Güter verteilt werden.

241,31 **Grünschnabel:** junger, unerfahrener Mensch.

243,8 **Sippenhaft:** Druckmittel der Nazis gegenüber politischen Gegnern, bei dem die Sippe (Familie, Verwandtschaft) für die Vergehen Angehöriger haftet.

252,14 **Husaren:** ursprünglich leichte Reiterei Ungarns im 15. Jh., hier: sinnbildlich für: Mut.

6. Interpretation

Sein Romandebüt verdankt Becker auf Umwegen seinem Vater, der ihm den Rohstoff für *Jakob den Lügner* geliefert hat. Beckers Vater erzählte seinem Sohn von einem Mann, der im Lodzer Ghetto ein Radio versteckt hielt. Dieser Mann verbreitete im Ghetto die Meldungen, die er von den ›Feindsendern‹ aufschnappte. Für diesen Kontakt zur Außenwelt riskierte er sein Leben, denn auf Radiobesitz stand im Ghetto der Tod. Als die Gestapo dem Mann auf die Schliche kam, wurde er als abschreckendes Beispiel öffentlich hingerichtet.

Jenseits der Heldenepen

So wahr die Geschichte auch sein mag, Becker will nicht über solch einen Standardhelden und sein ruhmreiches Sterben schreiben. Zu sehr gleicht sie der Mutmach- und Verständigungsprosa einer sozialistischen Literaturästhetik. Becker sympathisiert eher mit moralischen Durchschnittscharakteren, die passiven Widerstand leisten. So bleibt der Vorschlag des Vaters ungenutzt, bis Jahre später eine künstlerische Idee Beckers das väterliche Heldenepos in eine erzählenswerte Geschichte verwandelt. Becker verändert die Handlung dafür um eine entscheidende Kleinigkeit: Der Mann im Ghetto besitzt in Wirklichkeit kein Radio, aber alle Leute glauben, er habe eines. Seine Nachrichten aus dem erfundenen Radio werden für die Ghettobewohner zu einem Motor der Hoffnung. 1963–65 setzt Becker diesen Stoff als Drehbuch für die volkseigene Deutsche Film AG (DEFA) um. Beckers Ideen widersprechen den Standards der DDR-Literatur, und so wird aus dem Drehbuch zunächst kein Film. Von den vertrauten Mustern sozialistischer Literatur weicht Becker mehrfach ab: Bei ihm stehen beispielsweise Juden im Mittelpunkt und nicht wie üblich der Widerstand gegen die Nazis. Seine Figuren gehören zum moralischen Durchschnitt und wehren sich mit Worten – auch das ist ungewohnt für DDR-Leser. Zudem fehlt diesem Buch über die Nazi-Zeit das glorriose Ende, das heranrückende Befreier stiften. Und so etwas Abweichlerisches soll ins Kino? Das ist undenkbar, denn die Zulassungspolitik der DDR achtet darauf, wie stark ein Werk die öffentliche Meinung beeinflussen würde. So gilt die kaum verbreitete Lyrik als harmlos, Massenmedien wie Kino und Fernsehen werden hingegen penibel kontrolliert. Beckers Drehbuch ist vor diesem Hintergrund chancenlos. Darüber verärgert, schreibt Becker vier Jahre später den Roman *Jakob der Lügner*.

Lügen, um zu leben

Der Roman erzählt von der Kunst und Not zu lügen in schwieriger Zeit. Das passt zu Beckers Biografie. So wenig Kunst und Leben eins sind, so viel haben sie bei Becker miteinander zu tun, denn wer wüsste besser als dieser Autor, dass eine Lüge Wunder wirken kann? Als Kind jüdischer Eltern überlebt Becker das Ghetto von Lodz und die KZs von Ravensbrück und Sachsenhausen, und das vor allem durch eine Schwindelei seines Vaters. Der hatte seinem Sohn ein höheres Alter erlogen, damit er wie die größeren Kinder arbeiten durfte. Die jüngeren wurden meist deportiert. Wie Becker in *Mein Judentum* erzählt, weiß er wenig von dieser Zeit »grauer Ereignislosigkeit«. Vielleicht hat er seine frühen Jahre, die »kaum Leben genannt werden dürfen«, einfach verdrängt. Rund zwanzig Jahre nach dieser lebensgefährlichen Kindheit versucht Becker seine verlorenen Erinnerungen mit *Jakob dem Lügner* wiederherzustellen. Sein Erzählen übernimmt dabei eine doppelte Funktion: indem es eine fiktionale Welt entwirft und zugleich biografische Leerstellen füllt. Wie wichtig das Becker war, beschreibt er in *Die unsichtbare Stadt*: »Ohne Erinnerungen an die Kindheit zu sein, das ist, als wärst du verurteilt, ständig eine Kiste mit dir herumzuschleppen, deren Inhalt du nicht kennst. Und je älter du wirst, um so schwerer kommt sie dir vor, und um so ungeduldiger wirst du, das Ding endlich zu öffnen.« Autobiografisch gesehen, erzählt Becker eine Geschichte, die ihm eine Kindheit erfinden, die für ihn Identität stiften könnte. Über dieses private Anliegen hinaus bringt Becker durch den Roman viele Menschen seiner Generation – die unter ähnlichen Verhältnissen leben mussten, aber auch die anderen – auf eine zeitgemäße Erinnerungsspur. Er vermittelt ihnen, wie sich jenseits von eigener Betroffenheit und Denkritualen über die Grauen der NS-Zeit nachdenken lässt. Den vielen Jüngeren erzählt Becker authentisch von einer Zeit, die sie nur aus Geschichtsbüchern und vom Hörensagen kennen.

Eine Kindheit erfinden

Das selbst erlebte Ghetto von Lodz – namentlich an keiner Stelle des Romans genannt – bildet eine verlässliche Basis für Beckers Erfindungen. Als historisches Beispiel steht es für vergleichbare Orte, an denen in der Nazi-Zeit Unrecht und Tod das Zepter führen. Die Präzision, mit der sein Erzähler das Ghetto vermisst, entspricht der des Autors. Dafür recherchiert Becker gewissenhaft die Verhältnisse in diesem Ghetto, in dem Mitte 1940 rund 160 000 Menschen

Ghetto Lodz

auf engstem Raum zusammenleben. Was ihnen durch Verordnungen der Nazis an Individualität und Würde geraubt wird, versucht Becker durch eine Auswahl unverwechselbarer Figuren zurückzugeben. Die unüberschaubare Zahl von Ghettobewohnern bringt er dem Leser nahe, indem er Lebensläufe auswählt und stellvertretend wenige individuelle Figuren vorführt – den heldenhaften Herschel Stamm, den tratschenden Friseur Kowalski, die ängstlichen Kirschbaums, das Liebespaar Rosa und Mischa, die neugierig-kecke Lina und den verschlagenen Hoffnungsspender Jakob Heym.

Beckers schriftstellerisches Verfahren, die Geschichte lediglich als Steinbruch für seinen Roman zu nutzen, stößt auf Skepsis in seinem nächsten Umfeld. Beckers Vater, der die beschriebene Zeit miterlebt und erlitten hat, reagiert empört auf *Jakob den Lügner*. Er rügt das fantasievolle Werk seines Sohnes und sein mangelndes Vertrauen zu dem, was wirklich geschehen sei. Die Kritik von Beckers Vater trifft den Kern der Nachkriegsdiskussion, ob und wie überhaupt (künstlerisch) darstellbar ist, wofür Auschwitz bildhaft steht: die Verbrechen der Nazis, allen voran die Massenvernichtung der Juden. Wie gelingt es Becker dennoch, in der Fiktion die geschichtliche ›Wahrheit‹ zu retten?

Geschichte als Steinbruch

Von Bäumen und Menschen – Plaudereien über das Grauen

Becker mag bei seiner Arbeit am Roman an Worte des Philosophen Adorno gedacht haben, der vor einer verharmlosenden künstlerischen Darstellung des Holocaust gewarnt hatte. Sollte die Literatur aber zu Auschwitz und vergleichbaren Gräueln schweigen? Das war keine Alternative. Bei allem Verständnis dafür, dass selbst ein noch so genaues künstlerisches Abbild des Holocaust die historische Wirklichkeit verfehlen müsste, misstraut Becker Vorschriften, die angemessenes Gedenken regeln wollen. Solche Tabus, anders zu denken, sperren Erinnerung an den Holocaust in die Forme(l)n eines Gedenkrituals ein. Literarisch zu beteuern, wie grauenvoll die NS-Zeit war, hält Becker für unnötig. Die Literatur seiner Zeit zeigt ihm, dass sich das Thema Holocaust – jenseits von vorgestanzter Betroffenheit und mystifizierender Denktabus – literarisch-aufklärerisch auf mehreren Wegen vermitteln lässt. Das Spektrum reicht dabei von artifiziellen und hermetischen Texten – Celans *Todesfuge* – bis hin zu dokumentarischer Literatur wie der *Ermittlung* von Peter Weiss oder Rolf Hochhuths *Stellvertreter.* Einen weiteren Weg weist nach dem Zweiten Weltkrieg die experimentelle Literatur. Ihre Kritik richtet sich gegen eine Sprache, die den Hitler-Staat ermöglicht hat und am Leben hielt. Aus dieser Kritik heraus weigern sich Autoren wie Mon, Jandl oder Gomringer, der Sprache überhaupt eine kommunikative Funktion zu übertragen.

Humor und Holocaust

Becker geht keinen dieser Wege und schreibt über den Holocaust so, wie es vor ihm keiner gewagt hat – mit einer gehörigen Portion Ironie und Humor, mit urkomischen Abschweifungen und anekdotischen Wendungen, aber stets respektvoll gegenüber den Opfern. Beckers literarische Kühnheit lohnt sich, bedeutende Literaturkritiker halten seinen Erzählstil für gelungen und dem Thema angemessen. Für den Roman schlägt er einen erzählerischen Mittelweg ein, der Adornos Bedenken mit seinen eigenen literarischen

Ansprüchen versöhnt. Beispielhaft dafür ist der lapidar erzählte Romananfang, in dem der Erzähler die grausame Wirklichkeit überblickt, ja durchschaut.

Von Bäumen und Menschen

Wenn der Erzähler zu Beginn von einem Baum spricht, gilt sein Interesse nicht zuallererst der Botanik. Er führt vielmehr ein Motiv ein, in dem sich Tod und Leben verschränken und das einen Bogen von der ersten bis zur letzten Seite spannt. Der Bogen reicht von der schlichten Definition eines Baumes – »ein Stamm, Blätter, Wurzeln, Käferchen in der Rinde« (7) – bis hin zu den bedrückenden »Schatten von Bäumen« (283), die der Erzähler als Wegmarken des nahen Endes vom Deportationszug aus sieht. Beckers Beginn antwortet auf Brechts rund dreißig Jahre älteres Gedicht *An die Nachgeborenen* (1939), dessen zweite Strophe so lautet: »Was sind das für Zeiten, wo / Ein Gespräch über Bäume fast ein Verbrechen ist / Weil es ein Schweigen über so viele Untaten einschließt!« Becker gelingt in *Jakob der Lügner* beides: das »Gespräch über Bäume« wie das Reden »über so viele Untaten« – denn das unverfängliche »Gespräch über Bäume« ist verwoben, gar identisch mit dem Reden »über so viele Untaten«. Selbst wenn der Erzähler versichert, »ganz einfach einen Baum« (7) zu meinen, gehen seine scheinbar beiläufigen Gedanken in eine andere Richtung. Was er beim Stichwort Baum aus der eigenen Lebensgeschichte erinnert, ist zunächst ein unbedeutender Handbruch als Junge, dann seine erste Liebeserfahrung und schließlich der gewaltsame Tod seiner Frau Chana. In diesem Zusammenhang deuten Worte wie »Hochöfen« und »Heizwert« (7) bereits auf die Krematorien der KZs voraus. Und ein weiterer Bezug zwischen Botanik und Holocaust: Bäume wie Pflanzen jeglicher Art sind im Ghetto verboten.

Der Baum steht also einerseits für Leben und Vitalität, andererseits für Tod und Sterben. Damit folgt Becker einer alten Bildtradition, denn schon in der Bibel ist das Baum-Motiv mehrwertig: Der Baum kann Hoffnung, ewiges Leben oder (verbotene) Erkenntnis verheißen und spielt eine zentrale Rolle bei Adams und Evas Vertreibung aus dem Paradies.

Becker verschränkt Alltägliches und Besonderes und ruft so den Eindruck einer ›Normalität des Grauens‹ hervor. Weitere Beispiele belegen, dass der Erzähler trotz seines unterhaltsamen Plaudertons keineswegs verharmlost. Als Jakob auf dem Revier im Radio vom Vorrücken der Roten Armee hört, befindet er sich in höchster Gefahr. Seinen Spagat zwischen Hoffen und Todesfurcht beschreibt der Erzähler mit Galgenhumor: »Ein Toter hat eine gute Nachricht gehört und freut sich, er würde sich gerne länger freuen, aber die Lage, der Wachhabende wartet auf ihn, und Jakob muß weiter« (14f.). Die Nöte, Sorgen und charakterlichen Eigenheiten einzelner Figuren bringt der Erzähler dem Leser auf eine Weise näher, die sie dem wirklichen, alltäglichen Leben nicht entrückt – quasi heilig gesprochenen Helden oder Märtyrern würde der Leser kaum diese Rolle abnehmen. Humorvoll berichtet der Erzähler zum Beispiel in einer anderen Episode von Herschel Stamms naivem Glauben, den Stromausfall im Ghetto durch Gebete bewirkt zu haben: »Stolz und in Maßen glücklich, wie es die Umstände eben erlauben, legt sich Herschel nach getaner Arbeit ins Bett und nimmt gelassen die Glückwünsche Romans entgegen« (87). Herschels Tod durch einen Scharfschützen kommentiert der Erzähler hingegen ironisch untertreibend und mit einer Bildsprache, die bei einem kühl geplanten Mord zunächst irritiert: »Ich habe noch nie einen einzelnen Schuß gehört, immer nur mehrere auf einmal, als ob ein ungezogenes Kind trotzig mit dem Fuß aufstampft, oder ein Luftballon wird zu heftig aufgeblasen und platzt, oder gar, wenn ich schon in Bildern schwelge, Gott hat gehustet, Gott hat Herschel eins gehustet« (139). Der Vergleich eines Mordes mit Bildern aus der Welt kindlicher Nöte wirkt dennoch alles andere als bagatellisierend. Er veranschaulicht vielmehr die spielerische Willkür derjenigen, die im Ghetto über Leben und Tod befinden – die »Banalität des Bösen« (Hannah Arendt). Das kumpelhafte Auftreten des Wachhabenden auf dem Revier, das vor Jakob noch kein Jude lebend verlassen hat (vgl. 16–20), und der Posten, der nach dem kowalskischen Prügelwunder (vgl. 101–111) mehr oder weniger absichtlich Zigaretten verliert, zeigen die andere Seite derselben Medaille. Gerade in der Willkür, jovial oder brutal handeln zu können, offenbaren die Täter ihre Macht. Jakob muss Mischa deswegen erklären, dass sich der Wachhabende – gegen alle Erwartung und Wahrscheinlichkeit – menschlich verhalten hat und deshalb wie »ein schwaches Glied in der ansonsten logischen Beweiskette« (31) wirkt. Humor und Ironie machen bei Beckers Erzähler nicht das Grauen der Massenvernichtung lächerlich, sondern sie variieren tragikomisch die Verzweiflung über so viel Tod und eingeschwärzte Zukunft. In jeden Lacher über die Juden im Ghetto ist die Erinnerung oder traurige Ahnung gemischt, all ihre Mühen und Hoffnungen seien Jahrespläne von Eintagsfliegen. Der teils irrationalen, teils genau ausgeklügelten Logik der Vernichter ist vielleicht nur jene verzweifelte Ironie gewachsen, die den Erzählstil bestimmt. Durch diese Erzählweise rettet Becker in der Fiktion die geschichtliche ›Wahrheit‹.

Das Prügelwunder

Tauben Ohren predigen? Von der Not des Erzählers

Wer darstellen soll, worum es in *Jakob der Lügner* geht, vergisst meist eine wichtige Figur: den Ich-Erzähler. Warum erinnert dieser Erzähler überhaupt an Jakob Heym? Warum kramt er 1967, rund zwanzig Jahre nach den Ereignissen im Ghetto, im Gestern? Der Erzähler ist ein Weggefährte Jakobs und gehört zu den wenigen, die Ghetto und Vernichtungslager überlebt haben. Die Geschichte Jakobs hat er auf der Fahrt ins KZ oder im Vernichtungslager von Jakob selbst gehört, einige Informationen stammen von Mischa. Jakob ist tot, und der Erzähler versucht fortan, dessen Geschichte zu vermitteln, die er für allgemeingültig hält – er erzähle »nicht seine Geschichte, sondern eine Geschichte« (44). Der Erzähler ist »sechsundvierzig, einundzwanzig geboren« (25), und Jakobs Geschichte fesselt ihn mehr als zwanzig Jahre nach Kriegsende noch. Er möchte vom Völkermord an den Juden erzählen, aber kaum jemand hat in diesem »flinken Leben« (24) dafür Zeit. Die Menschen, die ihm dennoch zuhören, suchen nach Ausflüchten. Niemand möchte den Anschein erwecken, als habe er damit etwas zu tun. Verdrängen bestimmt den Zeitgeist, und entsprechend sehen die Ratschläge für den Erzähler aus. Statt sich an die unerfreuliche Kriegszeit zu erinnern, soll er sich lieber »ein paar schöne Tage machen, gelebt wird nur einmal, mein Lieber. Wo ich hinsehe Abwechslung, neue heitere Sorgen mit ein wenig Unglück dazwischen, Frauen, das ist noch nicht vorbei, aufgeforstete Wälder, gepflegte Gräber« (24). Trotzdem geht der Erzähler nicht zur Tagesordnung über, er muss Nach-

Gegen das Verdrängen erzählen

richt von Jakob und den vielen anderen Opfern geben, recherchiert dafür gewissenhaft (21, 208–213). Vor allem möchte er einen Teil seiner Vergangenheit bewältigen und seine Erfahrungen aus der Nazi-Zeit an den Leser weitergeben. Dafür bindet er den Leser an das Erzählte, indem er ihn direkt anspricht. Durch die Unschärfe der Geschichte eröffnet er ihm Denk- und Fabulierräume – nicht das letzte historische Detail zählt, sondern eine Sensibilität für die Ereignisse, auf denen die literarischen Erfindungen beruhen.

Fantasie und Fakten

Für seine Geschichte greift der Erzähler wie Becker auf eigene Erlebnisse, einige verlässliche historische Fakten und ansonsten auf eine lebhafte Fantasie zurück. Die Wahrscheinlichkeit ist für ihn »nicht ausschlaggebend, es ist unwahrscheinlich, daß ausgerechnet ich noch am Leben bin. Viel wichtiger ist, daß ich finde, so könnte oder sollte es sich zugetragen haben, und das hat überhaupt nichts mit Wahrscheinlichkeit zu tun« (44f.). Fabulieren kann der Ich-Erzähler nur angetrunken. Sein hochprozentiges Erzählen rechtfertigt unter anderem den lockeren Ton, wobei das unterhaltsame Erinnern kontrastiv den Ernst des Themas noch unterstreicht. Der Erzähler nähert sich dabei der ungewissen, unangenehmen Wahrheit innerhalb eines relativ festen Realitätsrahmens. Für Becker selbst steckt diesen Rahmen die Räumung des Lodzer Ghettos von 1944 ab, bei der nur knapp 900 Menschen den Deportationen nach Auschwitz entgehen. Die Wahrheit ruht für den Erzähler nicht in Dokumenten und Fakten, sondern in einer wahrhaftigen Geschichte. Das entbindet ihn davon, seine Geschichte als ›Tatsachenbericht‹ anzulegen. Ihm geht es nicht darum, historische Details aufzufrischen. Er möchte vielmehr eine Haltung zur Massenvernichtung der Juden vermitteln – und dafür ›erfindet‹ er die Geschichte vom völlig alltäglichen Helden Jakob Heym: »Keine drei Sätze sind ihm über die Lippen gekommen, ohne daß von seiner Angst die Rede war, aber ich will von seinem Mut erzählen« (44). Jakob existiert nur durch diesen bescheidenen, namenlosen Erzähler, der sich in den Erinnerungen generell zurücknimmt und die Toten leben lässt. Jenseits pflichtschuldiger Rituale gedenkt er am Beispiel Jakobs der vielen, die aus den Krematorien der KZs »als Rauch in die Luft« (Celan) aufgestiegen sind, und holt sie in das gegenwärtige Bewusstsein zurück.

Gebot der Not: Erzählen als Lügen

Wie ein roter Faden durchzieht das Lügen, Fingieren oder Erfinden *Jakob den Lügner* als erzählerisches Prinzip. Das gilt erstens für den gesamten Roman als literarische Schöpfung Beckers, zweitens für die Fantasien des Ich-Erzählers, mit denen er Erzähllücken füllt, und drittens für Jakob als findigen Nachrichtenmann. In einer Welt des Terrors streut Jakob seine segensreichen Flunkereien pikanterweise mit einem (von ihm fingierten) Gerät, über das die Nazis ihre staatstragenden Lügen, ihre Propaganda, verbreiten. Jakobs Radiolügen strahlen das Prinzip Hoffnung aus, das mitunter allerdings einem Prinzip Vertröstung gleicht. Jakob lügt zwar, aber seine Lügen retten Leben. Jedenfalls geht die Selbstmordrate im Ghetto drastisch zurück. Diese Rolle als Mutmacher ist Jakob vertraut. Bereits vor der »Radiozeit« kommen die Menschen auf einen Schnaps zu ihm, »weil die Welt nach solchem Besuch ein kleines bißchen rosiger ausgesehen hat, weil er eine Kleinigkeit überzeugender als andere ›Kopf hoch‹ sagen konnte oder ›es wird schon wieder werden‹ oder etwas in der Art« (250). Ihrem Namen macht die Hauptfigur alle Ehre, denn schon der biblische Jakob ist zugleich Lügner wie Hoffnungsträger. Auch sein Nachname Heym ist Programm, wenn man ihn in Anlehnung an das Hebräische ›Chaim‹ schreibt. Das heißt übersetzt ›Leben‹ – oder in der Kurzformel des Romans: »›Jakobleben‹« (110). Jakobs Lügen wirken auf sein Umfeld wie eine Überlebensphilosophie, die zum Durchhalten ermutigt. Die erste Lüge Jakobs hält Mischa von einem lebensgefährlichen Kartoffel-Diebstahl ab, eine weitere Lüge rettet dem völlig entkräfteten Leonard Schmidt das Leben, und die Verliebten Rosa und Mischa können zueinander kommen, da Mischas Mitbewohner, Isaak Fajngold, angeblich taubstumm ist. Es ist eine Geschichte, »wie jemand belogen werden muß, damit er ein bißchen glücklich sein kann« (60). Das gilt letztlich für alle Ghetto-Bewohner, denen Jakob zukunftsfrohe Normalität im Ausnahmezustand erschwindelt: »Die Hoffnung darf nicht einschlafen, sonst werden sie nicht überleben, er weiß genau, daß die Russen auf dem Vormarsch sind […], und möglichst viele Überlebende müssen sie antreffen, das ist es wert. Und wenn wir alle tot sein werden, dann war es ein Versuch, das ist es wert« (75). Selbst das Ende Herschel Stamms, den eine Hoffnungslüge Jakobs zu einer tödlichen Heldentat verleitet, spricht dafür. Ohne Jakobs Erste-Seelen-Hilfe gäbe es solchen Mut nicht. Dass Herschel Stamm bei seiner Trostmission für die Menschen im Waggon einen lebensgefährlichen Schritt zu weit geht, steht auf einem anderen Blatt. Solche Courage ist nicht einklagbar – und genau das vermitteln Beckers Durchschnitts-

Lügen als Überlebensphilosophie

charaktere. Verständlicher Angst bei den einen entspricht ungeahnter Mut bei den anderen.

Prinzip Vertröstung?

Wozu der ganze Aufwand? Jakobs Lügen halten die Deportationen letztlich nicht auf, sie scheinen nichts zu ändern. Bleibt letztlich vom Prinzip Hoffnung nur ein Prinzip Vertröstung übrig? Das stimmt lediglich zum Teil. Zählt denn das zeitlich begrenzte Glück nichts, das Jakobs verschlagene Menschlichkeit stiftet? Jakob lügt schließlich nicht, um die Juden freudiger und aufrechter untergehen zu lassen. Seine Nachrichten bieten jenseits von aktivem Kampf eine seelische Stärkung, die würdiger zu (über)leben hilft. Mischa zum Beispiel lebt länger, kann sich dadurch mit Rosa anfreunden – all das freilich im Schatten des ständig drohenden Todes. Die Ghetto-Bewohner halten die Lügen Jakobs zwar für genauso wahr wie die kranke Prinzessin im Märchen die Wolke aus Watte, bei diesen Illusionen bleibt der Roman aber nicht stehen: »Lina erfährt, dass Wolken nicht aus Watte sind, die Ghettobewohner lesen den Deportationsbefehl«[4].

Beckers Roman zeigt, wie zart und zerstörbar die rosige Hoffnung ist, die Jakobs Lügen hervorrufen. Sein Erzählen ergreift den Leser, weil es ohne Gefühlsduselei auskommt. Anschaulich wird das bei den alternativen Enden der Geschichte. Hier zieht der Erzähler eine Grenze, an der das Lügen, das Erfinden endet. Der erste Schluss entspricht in Teilen dem Heldentum, das Beckers erster Rezensent im *Neuen Deutschland* vermisst: Jakob stirbt bei einem Fluchtversuch als tragischer Held, und in den Lärm der tödlichen Salve mischt sich der Geschützdonner der russischen Befreier. Dieses idealisierende Ende weicht der Erzähler insofern auf, als der Leser zwischen drei Motiven – egoistischen wie ehrenwerten – wählen darf, warum Jakob aus dem Ghetto fliehen will. Selbst in dieser fantasierten Variante der Ereignisse verweigert der Erzähler offenen Widerstand, mithin einen »sinnvollen Tod«: »Kein einziger gerechter Schuß hat sich gelöst« (98). Das fehlende Aufbegehren im Ghetto beurteilt der Erzähler streng, denn passiven Widerstand gibt es zum Beispiel durch Jakob (Radiolügen), Herschel Stamm (tröstet die Waggoninsassen) und Kirschbaums Selbstmord. Die erste, heroische Variante aber weist der Erzähler von sich und berichtet in der zweiten Schlussvariante vom »nichtswürdigen«, »häßlichen« (257f.) Ende der Geschichte: der Deportation.

Beckers Roman setzt den Opfern des Holocaust ein literarisches Denkmal und vermittelt dem Leser – fern aufdringlicher moralisierender Didaktik – unterhaltsam wie lehrreich Geschichte(n). *Jakob der Lügner* bleibt nicht der einzige Beitrag Beckers zu diesem Thema. Andere Schwerpunkte setzen *Der Boxer* (1976) und *Bronsteins Kinder* (1986), die sich ebenfalls mit der Judenvernichtung in der NS-Zeit beschäftigen. Inwiefern solche Erinnerungsarbeit für das dritte Jahrtausend noch zeitgemäß sein kann, ist 1998/99 unter anderen Vorzeichen Thema der Walser-Bubis-Debatte.

7. Autor und Zeit

Die Biografie Jurek Beckers weist bis heute dunkle Stellen auf. Darauf spielt Becker an, als er am 23. November 1996 seinem Freund Joachim Sartorius schreibt: »Ich wurde am, in, als einziges. Mein Vater war, meine Mutter. Bei Kriegsausbruch kam ich, wo ich bis zum. Nach Ende des blieb mein Vater mit mir, was ich bis heute nicht. Er hätte doch auch. Jedenfalls ging ich zur und wurde ein halbwegs normales. Das änderte sich, als ich den Beruf eines. Wenn ich auf mein bisheriges zurückblicke, dann muss ich leider sagen.«[5] Dieses lückenhafte Selbstporträt ist symptomatisch für Beckers Stil und seine Vita. So ist selbst sein Geburtsdatum ungewiss, aber ein wenig mehr ist schon von Becker bekannt.

Erste Jahre in Lodz[6]

Offiziell wird Jurek Becker am 30. September 1937 als Kind jüdischer Eltern in Lodz geboren, einer Stadt mit rund 700 000 Einwohnern, davon ein Drittel Juden. Seine Eltern, Mieczyslaw und Anette, sprechen seit Jureks Geburt zu Hause nicht mehr Jiddisch, sondern Polnisch. Sie möchten zum modernen Polen gehören und ihrem Sohn später die Integration in die polnische Gesellschaft einfacher machen. Denn in der Geschichte Polens gehört der Antisemitismus bereits zum Alltag der Juden, bevor die Deutschen 1939 einmarschieren. Den Beckers geht es recht gut, da der Vater als Prokurist in der Textilfabrik seines Onkels arbeitet, und so kann die Familie in einem Viertel für wohlhabendere Leute wohnen.

Jurek Becker
Foto 1963

Kriegsausbruch und Leben im Ghetto

Mit zwei Jahren erlebt Jurek Becker den Ausbruch des Zweiten Weltkriegs. Wer Jude ist, den bringen die Deutschen ins Ghetto. Für Lodz heißt das: Seit dem 21. September 1939 werden Juden ins hermetisch abgeriegelte Ghetto abgeschoben, seit November 1939 müssen sie einen Judenstern tragen. 160 000 Juden leben auf engstem Ghetto-Raum in dürftigen Baracken, von denen knapp 800 fließendes Wasser haben. Die Beckers kommen am 7. März 1940 ins Ghetto: in ein Zimmer ohne Küche und Toilette und mit fünf Mitbewohnern.

Im Ghetto bestimmt die geleistete Arbeit, was einer wert ist. Jeder hofft deswegen, den Deutschen ›nützlich‹ zu sein, um nicht in ein Todeslager verschleppt zu werden. Auch Jurek zeigt, dass er produktiv ist, und stopft Zigaretten. Anfang 1944 kommt er mit seiner Mutter ins Frauen-KZ Ravensbrück. Der Vater arbeitet weiterhin im Ghetto, bis er später nach Auschwitz und ins KZ Sachsenhausen deportiert wird. Mit viel Glück und völlig entkräftet überlebt Jurek Becker diese Zeit, seine Mutter stirbt am 2. Juni 1945 an Unternährung. Beckers Vater findet seinen Sohn durch eine amerikanische Hilfsorganisation in Ravensbrück wieder. An diese Kinderzeit erinnert sich Becker später kaum, das Ghetto ist für ihn quasi *Die unsichtbare Stadt*: »Als ich zwei Jahre alt war, kam ich in dieses Ghetto, mit fünf verließ ich es wieder in Richtung Lager. Ich kann mich an nichts erinnern. So hat man es mir erzählt, so steht es in meinen Papieren, so war folglich meine Kindheit.« Werke wie *Jakob der Lügner*, *Der Boxer* oder *Bronsteins Kinder* ersetzen gleichsam sein verlorenes Gedächtnis.

Dem Tod entkommen

Nach 1945

Vater und Sohn leben nach dem Krieg in Ostberlin, und zwar am Prenzlauer Berg. Um dort als staatenloser polnischer Jude weniger aufzufallen, nennt sich Beckers Vater Max und aus Jurek wird Georg. Als er sich und Jurek Ende 1945 als Opfer des Faschismus registrieren lässt, macht sich Max Becker sechs Jahre jünger, und das offizielle Geburtsdatum seines Sohns »Georg« lautet fortan auf den 30. September 1937. Um den Sohn im Ghetto vor einer Deportation zu bewahren, hatte ihn sein Vater als älter ausgegeben und später das richtige Geburtsdatum vergessen. Als Geburtsort gibt Beckers Vater Fürth an, denn sein Sohn und er sollen als deutsche Juden gelten. Beckers Vater bemüht sich, seinem Sohn die Sprache des Landes beizubringen und hört dafür vom einen auf den anderen Tag auf, mit ihm Polnisch zu sprechen. Jurek erlernt die ›Vatersprache‹ Deutsch langsamer, als er das Polnische vergisst, und lebt so für den Übergang zwischen zwei Sprachen. Durch den Krieg kommt Jurek erst mit zehn Jahren in die Schule und wird für sein gebrochenes Deutsch von den Mitschülern verspottet.

Die Landessprache lernen

In der DDR

Der zwölfjährige Jurek erlebt 1949, wie aus den vier Besatzungszonen in Berlin zwei deutsche Staaten werden: die Deutsche Demokratische Republik (DDR) und die Bundesrepublik Deutschland (BRD). Jurek Becker ist nun Bürger eines neuen Staates und tritt noch vor Ende der achten Klasse der Freien Deutschen Jugend (FDJ) bei, in der die DDR-Jugend offiziell organisiert ist. Beckers Vater möchte, dass sein Sohn aktiv am neuen Staat mitwirkt. Diese Rolle eines jungen Kommunisten füllt Becker zunehmend besser aus, derweil sein Vater immer stärker dem Alkohol verfällt. Je mehr Becker das Deutsche beherrscht, umso selbstbewusster wird er. Das rügt eine »allgemeine Beurteilung« in Beckers Zeugnis aus Klasse elf: »Seine Überheblichkeit, die einer gewissen Unreife entspringt, muß er ablegen.«

Nach dem Abitur leistet Becker ab dem 1. September 1955 zwei Jahre Dienst bei der Kasernierten Volkspolizei (KVP), kurz zuvor nimmt ihn die Sozialistische Einheitspartei Deutschlands (SED) als Kandidat in ihre Reihen auf. Sein Vater – seit Ende 1954 arbeitsunfähig – ist gegen eine Polizeilaufbahn, zumal Becker von Kindesbeinen an Schriftsteller werden will und eine Zulassung für ein Studium der Germanistik an der Humboldt-Universität in der Tasche hat. Sein Dasein als Volkspolizist füllt ihn keineswegs aus. In dieser Zeit verstärkt sich der Wunsch zu schreiben, und die Lektüre nimmt einen wichtigen Platz ein. Ein Schlüsselerlebnis in Bezug auf *Jakob den Lügner* ist Max Frischs Roman *Stiller*. Becker erfährt durch die Lektüre, »daß Bestürzung nicht unbedingt den schwarzen Anzug tragen muß und der Spaß nicht immer nur das Sporthemd«. 1956 lernt Becker in einem alternativen Künstlerclub Ostberlins den fast gleichaltrigen Schauspieler Manfred Krug kennen. 1959 ziehen beide in eine gemeinsame Wohnung, einen ehemaligen Kolonialwarenladen. Über Krug lernt Becker Wolf Biermann kennen, der damals als Regie-Assistent am Berliner Ensemble arbeitet.

Krug und Biermann

Ab 1957 studiert Becker an der Humboldt-Universität

statt Germanistik Philosophie und Jura. Schließlich wolle er nicht Literarhistoriker werden, sondern Schriftsteller. Becker textet für ein Studentenkabarett, und seine beiden Freunde Biermann und Krug ebnen ihm den Weg, für *Die Distel*, das wichtigste Polit-Kabarett Ostberlins, zu schreiben. Das bringt dem Studenten willkommene Einkünfte und Prestige. So flott Titel wie *Affenkundig*, *Vorderansicht eines Versicherungspalastes*, *Happy end* oder *Männer machen Mist* auch klingen, Becker muss dabei die Grenzen von Satire in einem sozialistischen Staat beherzigen. Für dieses Kabarett arbeitet Becker bis zum Mai 1965.

1960 lässt sich Becker vom Studium beurlauben. Er kommt damit seiner Entlassung durch die Universität zuvor, die seine häufigen »Disziplinarverstöße« und eine »Haltung« beanstandet, »die der eines Studenten einer sozialistischen Universität nicht entspricht«. Seit dieser Zeit interessiert sich die Staatssicherheit (Stasi) für den trotzigen Studenten. Statt zu studieren, belegt der leidenschaftliche Kinogänger an der Staatlichen Film- und Fernsehhochschule in Babelsberg einen Halbjahreskurs für angehende Autoren, der ihm das Handwerk dieser Medien vermittelt. Schon 1961 legt Becker sein erstes Produkt vor: *Mit der NATO durch die Wand*, einen satirischen Kurzfilm für die Kino-Reihe *Stacheltier*.

Erster Kurzfilm

Der Mauerbau am 13. August 1961 berührt Becker nur am Rande, obwohl er dadurch nicht mehr in den Westen Berlins kommt. Becker hat in dieser Zeit anderes im Kopf, denn zwei Tage später heiratet er Rieke (Erika) Hüttig, eine ehemalige Mitschülerin. Gut eine Woche später wird Beckers erster Sohn Nikolaus geboren, am 24. Mai 1964 kommt mit Leonard sein zweites Kind zur Welt. Im Frühjahr 1968 bezieht die Familie mit finanzieller Unterstützung von Riekes Mutter ein Einfamilienhaus. Becker lebt für das Schreiben und arbeitet vornehmlich zu Hause. Zwischen 1962 und 1977 entstehen neben drei Romanen vierzehn Drehbücher, die fast alle für Film und Fernsehen produziert werden. Einige weniger achtbare davon erscheinen unter dem Pseudonym Georg Nikolaus, so eine mehrteilige TV-Komödie, deren Titel *Mit 70 hat man noch Träume* oder *Urlaub* amüsante Unterhaltung ohne Tiefgang verraten. Beckers erster Film für die DEFA wird 1965 ausgestrahlt. Die Sittenkomödie *Ohne Pass in fremden Betten* bringt ihm keinen größeren Ruhm ein. Insgesamt gilt Becker jedoch als Meister von Dialogen und Geschichten, die zur ostdeutschen Medienlandschaft passen.

Film und Fernsehen

Darüber hinaus interessiert Becker ein Thema, das in der DDR tabu ist: der Mord an den europäischen Juden. Was Becker nicht schreiben möchte: ein 08/15-Buch, in dem die Sowjetarmee wie immer glorreich die Faschisten besiegt. Aus Beckers Recherchen und einer Geschichte seines Vaters, von jemand, der im Ghetto ein Radio besessen hätte, erwächst die Idee für ein Drehbuch (vgl. S. 40f.). Anfang 1966 genehmigt der stellvertretende Minister für Kultur der DDR, Wilfried Maaß, Beckers zweite Drehbuchfassung und lobt den Humanismus der »künstlerisch außerordentlich gelungenen Fabel«. Beckers Wunschregisseur Frank Beyer möchte in Polen drehen, das Projekt scheitert allerdings an den polnischen Behörden.[7] Was tun? Das Drehbuch liegt auf Eis – und der erboste Becker macht daraus den Roman *Jakob der Lügner*.

Exkurs: *Jakob der Lügner* im literarisch-politischen Kontext

Der Roman erscheint 1969 zu einer Zeit, als besonders in Westdeutschland das Bedürfnis, die nationalsozialistische Vergangenheit aufzuarbeiten, dringlicher und der Ruf nach politischen Veränderungen lauter werden. »Wir haben nichts gewusst«, heißt es im Nachkriegsalltag, aber mit dieser pauschalen Entschuld(ig)ung der Väter-Generation geben sich in der Bundesrepublik weder die Studentenbewegung noch die Außerparlamentarische Opposition (APO) zufrieden. Den politischen Bewegungen im Westen entsprechen im Ostblock Reform-Bemühungen, für die beispielhaft Alexander Dubãek und der Prager Frühling stehen. Truppen des Warschauer Paktes beenden diesen Frühling in der Tschechoslowakei 1968 gewaltsam. Zu dieser Zeit wird Beckers Verhältnis zur DDR kritischer. Die Literatur erlaubt ihm, Bedenken zu formulieren, die in Film und Fernsehen der DDR nicht tragbar gewesen wären. Auch wenn Becker der offiziellen Literaturauffassung der DDR widerspricht, bleibt er gegenüber seiner zweiten Heimat grundsätzlich loyal. Becker mischt sich gern ein, für ihn bedeutet Literatur, Stellung zu beziehen. *Jakob der Lügner* ist vor diesem Hintergrund aus der »Notwendigkeit des Erinnerns« entstanden, um Menschen von heute für Geschichte zu sensibilisieren und einen »Schutzwall gegen mögliche Wiederholungen« zu errichten. Bei allem Engagement schätzt Becker die Wirkung literarischer Erinnerungsarbeit realistisch ein. Bücher wie *Jakob der Lügner* können »einen Blick öffnen auf etwas, was vielleicht verstellt war. Aber Bücher können sich nicht gegen Tendenzen durchsetzen, die auf brachiale Weise in einer Gesellschaft wirken.«[8]

Wachsender Widerstand oder Beckers Weg in den Westen

Becker bringt *Jakob den Lügner* bei einem der besten Verlage in der DDR unter, dem Aufbau-Verlag. Die Reaktionen auf das Manuskript fallen sehr positiv aus, und so wird Becker in den Schriftstellerverband aufgenommen, noch bevor der Roman 1969 erscheint. Im Oktober 1972 gehört Becker bereits zur Creme de la Creme der DDR-Autoren und wird Mitglied des nationalen PEN-Clubs, zudem gehört er dem Vorstand des Schriftstellerverbandes an. Im Westen veröffentlicht Luchterhand das Buch am 1. September 1970 – daraufhin folgen zahlreiches Lob in den westlichen Feuilletons, verschiedene literarische Auszeichnungen und eine große Lesereise in den Westen. Trotz (oder wegen) seines Ruhms eckt Becker kontinuierlich in der DDR an, gilt er doch – als Fan der Beatles und von Miles Davis – geradezu als ostdeutscher Hippie. Als er einmal in den Nachrichten der DDR, der *Aktuellen Kamera*, spricht, wird sein Auftritt nicht ausgestrahlt, wegen Überlänge – der Haare.

Deckname »Lügner«

Je stärker sich Becker literaturpolitisch engagiert, desto unverhohlener überwacht die Stasi den Autor seit Mitte der siebziger Jahre. Aber auch viele Freunde und Bekannte notieren ihre Gespräche mit ihm für die Stasi mit. In Aufzeichnungen des Ministeriums für Staatssicherheit taucht Becker unter dem Decknamen »Lügner« auf – geradezu eine Ironie des Schicksals, dass ihn seine internationalen Erfolge mit *Jakob dem Lügner* auf diese Weise aktenkundig werden lassen. Der westliche Geheimdienst ist ebenfalls aufmerksam, denn Beckers häufige Westaufenthalte deuten eine Tätigkeit für die Stasi an. Als Reiner Kunze wegen missliebiger Gedichte Ende 1976 aus dem Schriftstellerverband der DDR ausgeschlossen wird, empört sich Becker öffentlich über die Einschüchterung Andersdenkender. Und als im selben Jahr der Dichter, Liedermacher und Becker-Freund Wolf Biermann nach einem Konzert in Köln nicht mehr in die DDR einreisen darf, ist das Maß voll. Öffentlich protestiert Becker gegen die Ausbürgerung Biermanns mit einem Brief an die DDR-Spitze, den neben ihm elf weitere namhafte Künstlerinnen und Künstler unterzeichnen. Derartige Rebellionen verpuffen fruchtlos. Becker überschätzt seinen Einfluss, beharrt auf seiner Meinungsfreiheit als Schriftsteller – und wird aus der SED ausgeschlossen. Weitere Querelen mit dem Schriftstellerverband führen dazu, dass Becker am 4. April 1977 seinen Austritt erklärt. Genau am selben Tag wird seine Ehe mit Rieke geschieden, die das Sorgerecht für Nikolaus und Leonard erhält. Becker pflegt trotz Scheidung ein enges Verhältnis zu Rieke und den beiden Söhnen, die letztlich ohne ihn groß werden.

Biermann-Affäre

Schlaflos in der DDR

Gerüchte verdichten sich, nach denen Becker die DDR verlassen will. Literarisch spiegelt die Probleme Beckers zu dieser Zeit das Hickhack um seinen Roman *Schlaflose Tage*. Becker fordert ultimativ: Sollte der Rostocker Hinstorff-Verlag nicht binnen vier Wochen über den Druck des Manuskripts entscheiden, veröffentliche er im Westen bei Suhrkamp. Als sich Becker westlicher Medien bedient, um Missstände in der DDR nach der Biermann-Affäre anzuprangern, kommt es zum Eklat. Staatsvertreter der DDR verurteilen öffentlich sein Verhalten und stilisieren Becker zu einem Agenten des Westens. Damit ist klar, dass *Schlaflose Tage* nicht in der DDR erscheint, und Beckers Werke verschwinden rasch aus dem öffentlichen Kulturleben.

Beckers Freund Manfred Krug, seit der Biermann-Affäre praktisch ohne berufliche Perspektive, stellt am 16. April 1977 seinen Ausreiseantrag. Trotz allen Ärgers handelt Becker nicht so radikal. Er beantragt am 7. November 1977 vielmehr ein Zweijahresvisum, das ihm erlauben soll, im Westen zu schreiben und frei zu reisen. Beckers Antrag wird genehmigt. So gewährte die DDR prominenten Oppositionellen größere Freiheiten, da sie wusste, dass die meisten mit Rücksicht auf Familie und Freunde den Schritt scheuten, endgültig in den Westen überzusiedeln.

Becker kommt am 5. Dezember mit einigen Habseligkeiten im Westteil Berlins an – eine Sensation für die Kulturszene und die Medien. Überall Berichte über Becker, der das Erstaunen auf seine ganz persönliche Art dämpft. Warum solle er nicht im Westen leben? Schließlich habe »die DDR kein Alleinvertretungsrecht […] für Reibung zwischen Schriftsteller und Gesellschaft«. Anfang 1978 folgt Becker einer Einladung des Oberlin College (Ohio), wo er als Gastprofessor den dortigen Studenten von der deutschen Literatur erzählt. Am 18. Juli 1978 kehrt Becker nach Berlin zurück.

In Westberlin

Im Westen leben und schreiben

Nach seiner Rückkehr weiß Becker noch nicht, ob er im Westen bleiben möchte. Weitere Konflikte mit der DDR-Führung lassen seine Neigung, noch einmal in den Osten zurückzukehren, immer mehr schwinden. In einem Schreiben an Klaus Höpcke, Stellvertretender Minister für Kultur, schildert Becker Ende 1979 seine Schwierigkeiten mit der DDR. Worum er zudem bittet, ist für DDR-Verhältnisse mehr als vermessen: Becker beantragt ein Auslandsvisum für weitere zehn Jahre. Erich Honecker persönlich segnet Beckers Wunsch ab, und so erhält er einen Pass, der ihm bis zum 10. Dezember 1989 erlaubt, mehrmals in alle Staaten und nach Westberlin auszureisen. Warum solche Vergünstigungen? Etwa weil Becker in den zurückliegenden zwei Jahren stillgehalten und sich vornehmlich mit dem Schreiben beschäftigt hatte? Becker richtet sich jedenfalls darauf ein, im Westen zu leben, und hofft, seine Bücher in beiden Teilen Deutschlands publizieren zu können. Für *Aller Welt Freund* trifft das zu. Sein politisch kaum brisantes Werk erscheint 1982 bei Suhrkamp und im Jahr darauf bei Hinstorff.

Die politische Situation in der DDR ändert sich zu dieser Zeit allmählich. Aus wachsender Angst, der Kalte Krieg zwischen Ost und West könnte ein heißer werden, bilden sich weltweit Friedensbewegungen. Im Februar 1982 ruft die evangelische Kirche der DDR dazu auf, die Atomwaffen in beiden Teilen Deutschlands zu beseitigen, ein Jahr später findet in Dresden mit mehr als 100 000 Menschen die größte Friedensdemonstration in der DDR statt.

In die DDR kommt Bewegung, und auch im privaten Bereich Beckers ändert sich etwas. 1983 lernt Becker in Frankfurt die Verlegertochter Christine Harsch-Niemeyer kennen, drei Jahre später, am 7. März 1986, heiraten sie im westdeutschen Ausland. Nach der politischen Wende kommt am 23. Juni 1990 Beckers dritter Sohn Jonathan Samuel, sein erstes Kind mit Christine, zur Welt. Kurz danach verlassen die Beckers die Großstadt Berlin und kaufen an der Ostseeküste ein Haus in der kleinen Stadt Sieseby.

Im Westen kann sich Becker unbefangen politisch äußern und vor allem Schriftsteller sein. Nach einer weiteren Reise in die USA und einer privaten Reise nach Israel schreibt Becker an seinem neuen Roman *Bronsteins Kinder*, der sich mit dem Wissen junger DDR-Bürger, der Nachgeborenen, zum Holocaust beschäftigt, nach *Jakob der Lügner* und *Der Boxer* gleichsam der dritte Band seiner Holocaust-Trilogie.

Liebling Kreuzberg

Populärer noch als seine Romane macht Becker die Fernsehserie *Liebling Kreuzberg*, für die er das Drehbuch schreibt. Manfred Krug spielt als Robert Liebling die Hauptrolle in dieser humorvollen Anwaltsserie, und Becker beweist, dass er sowohl anspruchsvolle TV-Unterhaltung wie ernsthafte Literatur hervorbringen kann. Mitunter fünfzig Prozent Einschaltquote, darüber hinaus zahlreiche Fernsehpreise sprechen für das Konzept und die schauspielerische wie literarische Wertarbeit von Manfred Krug und Jurek Becker. Becker zeigt sich als intimer Kenner von Berlin-Kreuzberg und fängt die Atmosphäre seiner Menschen und Plätze in alltäglichen Geschichten in großer Dichte ein. Mit der dritten Staffel beendet Becker vorerst seine Arbeit an der Serie. Die Fortsetzung, für die Ulrich Plenzdorf Drehbücher liefert, kommt beim Publikum schlechter an.

Ohne Mauer

1989 ist für die Geschichte der beiden deutschen Staaten ein bedeutendes Jahr. Die Mauer fällt kurz nach dem 40. Jahrestag der DDR, und ein Jahr später ist die DDR Geschichte. Auch für Becker ist 1989 ein besonderes Jahr, denn nach mehr als zwanzig Jahren wird der Schriftsteller erstmals wieder offiziell in die DDR eingeladen: zu einer Lesung, um die ihn der ostdeutsche PEN-Club bittet. Wie wenig Becker Ende 1989 die rasante Entwicklung der nächsten Wochen ahnen konnte, belegt sein Antrag, das Zehnjahres-Visum zu verlängern und seiner Frau und seinen Söhnen Reiseerleichterungen zu gewähren. Stillschweigend werden Beckers Wünsche Anfang November 1989 erfüllt und sein Visum mit Wirkung vom 1. Januar 1990 um weitere vier Jahre verlängert – aus der Rückschau geradezu eine Ironie der Geschichte.

Für Becker gilt, was für viele andere Menschen zutrifft: Der Fall der Mauer schafft zunächst einmal neue Probleme. Obwohl die Grenze zwischen Ost und West nicht mehr besteht, bleibt die DDR – Ausnahme *Liebling Kreuzberg* – Fluchtpunkt seines literarischen Schaffens. Den Problemen der deutschen Wiedervereinigung widmet sich Becker in seinem Roman *Amanda Herzlos* (1992), zahlreichen öffentlichen Auftritten und auf eine künstlerische Weise, die auf ein breites Publikum hoffen durfte. 1994 entsteht unter dem Titel *Wir sind auch nur ein Volk* eine neunteilige Fernsehserie, die sich mit den Ost-West-Problemen im neuen Deutschland auf unterhaltsam-aufklärerische Art beschäftigt – jedoch ohne Erfolg bei Kritikern und Zuschauern in Ost und West. Offenbar ist es Becker als Drehbuchautor nicht gelungen, eine

Dauerthema DDR

konsensfähige Sicht auf die schwierige deutsche Wiedervereinigung zu eröffnen.

Auf Drängen des Fernsehproduzenten Otto Meissner versucht Becker im Sommer 1995 noch einmal den Erfolg von *Liebling Kreuzberg* fortzuschreiben. Eine schwere Krankheit verhindert eine kontinuierliche Arbeit an der fünften Staffel, denn seit Ende 1995 weiß Becker, dass er an Krebs in einem fortgeschrittenen Stadium leidet. Letztmals bemüht sich Becker durch die Serie das neue Deutschland zu verstehen. Dabei bleibt er seiner alten Linie treu: Nicht die großen politischen Themen beschäftigen die Menschen, sondern der alltägliche Ärger, der freilich häufig von den großen Veränderungen herrührt. Mit Becker ist die Serie wieder erfolgreich. Die letzte Folge, die der Autor von *Jakob der Lügner* erfindet, heißt *Der einzige Ehrliche.* Ein Zufall? Ein letztes ironisches Vermächtnis? Als die letzte Staffel anläuft, ist Becker bereits tot. Er stirbt am 14. März 1997 in seinem Haus in Sieseby. Bei der Beerdigung stellt sich Joachim Sartorius vor, wie sich sein Freund Jurek von ihm mit einer Karte verabschiedet haben könnte. In seinen Worten am Grab scheint *Jakob der Lügner* als Beckers großes Erbe auf und mit ihm die alle Zeiten überdauernde Kraft der Ironie: »Lieber Achim, ich wünsche mir vor allem, daß Du nicht sentimental wirst. Sag einfach, wie ich bin, ohne Umschweife. Du mußt keine zu große Anstrengung machen. Es ist, wie es ist. Wir fahren, wohin wir fahren.«

Ehrlich bis in den Tod

Werke

1969 *Jakob der Lügner. Roman.*
1973 *Irreführung der Behörden. Roman.*
1976 *Der Boxer. Roman.*
1978 *Schlaflose Tage. Roman.*
1980 *Nach der ersten Zukunft. Erzählungen.*
1982 *Aller Welt Freund. Roman.*
1986 *Bronsteins Kinder. Roman; Erzählungen.*
1990 *Warnung vor dem Schriftsteller. Drei Vorlesungen in Frankfurt.*
1992 *Amanda herzlos. Roman; Die beliebteste Familiengeschichte und andere Erzählungen.*
1996 *Ende des Größenwahns. Aufsätze, Vorträge.*

Darüber hinaus schrieb Becker seit Anfang der 1960er-Jahre zahlreiche Drehbücher. Am bekanntesten macht ihn seine Arbeit für die Anwaltsserie *Liebling Kreuzberg.*

8. Rezeption

Erfolg in Ost und West

Im Westen wie im Osten Deutschlands ist Beckers Roman auf Anhieb erfolgreich, selbst wenn der erste Rezensent im *Neuen Deutschland* verhaltener lobt. Werner Neubert hebt im Zentralorgan der SED am 14. Mai 1969 die »erzählerische Dichte, klug-sichere Fabelführung, prägnant-schöne Sprache« und den »fesselnden Grundeinfall« hervor. Für ihn kommt allerdings künstlerisch der sozialistische Realismus zu kurz. Beckers Roman zeige nicht, »wie die klarsten Kräfte der Klasse den realen Kampf organisierten und führten«. Die Hoffnung, die der Kleingewerbetreibende Jakob Heym verbreitet, vertraue zudem nicht auf »Klassenposition und politisches Bewußtsein«. Trotz solcher Einwände überwiegt am Schluss Neuberts Lob für einen talentierten Autor: »Der Humanismus dieses Werkes muß jeden Leser tief ergreifen.« Stellvertretend für die vielen positiven Kritiken im Westen sei Volker Hage angeführt, der *Jakob den Lügner* bereits zu Lebzeiten Beckers »zum Kanon der deutschen Literatur, ja der Weltliteratur« rechnet. Die vielen Übersetzungen und Auflagen des Romans – das Taschenbuch von Suhrkamp erlebte zum Beispiel zwischen 1982 und 2003 bereits 26 Auflagen – sprechen für den Rang des Werks bei den Leserinnen und Lesern.

Zwei Verfilmungen

Und so wundert es nicht, dass auf der Basis des Romans zwei Verfilmungen entstehen. Premiere feiert die erste Verfilmung im DDR-Fernsehen am 23. Dezember 1974. Sie ist im Programm Teil einer Reihe zum ›antiimperialistischen Film‹. Im Kino ist *Jakob der Lügner* ab dem 17. April 1975 zu sehen, für den unter anderen Becker und Regisseur Frank Beyer den Nationalpreis Zweiter Klasse erhalten – ein Triumph nach den rund zehnjährigen Geburtswehen des Projekts. Im Westen wird der Film mit dem Silbernen Bären der 25. Berliner Filmfestspiele und mit einer Oscar-Nominierung (»bester ausländischer Film«) dekoriert. Die zweite Verfilmung kommt 1999 in die Kinos, die Hauptrolle spielt der populäre Hollywood-Mime Robin Williams.

Becker weiß, was er mit Roman und Film seinem Publikum zumutet. Wie er der DDR-Wochenzeitung *Der Sonntag* am 20. April 1974 erklärt, setzt er auf informierte Leser und Zuschauer: »Unmittelbar nach dem Krieg wäre dem Betrachter eine solche Behandlung des Themas wie Blasphemie erschienen. […] Mit so einer Geschichte kann ich mich nur an Leute wenden, die fünfundzwanzig oder dreißig Jahre lang geradezu bombardiert worden sind mit Informationen über diese Zeit.«

Die beiden Verfilmungen rezipieren den Roman auf unterschiedliche Weise, was beispielhaft daran belegt werden kann, wie sie Beckers Optionen für den Schluss aufnehmen. Vermischt die Hollywood-Produktion aus Linas Sicht Traum und Realität, indem die Russen den Zug ins Vernichtungslager stoppen und eine amerikanische Band (nebst adretten Sängerinnen) auf einem Panzer zum Tanz aufspielt, so schließt die DEFA-Version weniger heiter mit den deportierten Juden im Zug. Auch Linas zart-utopische Schlussworte – »Aber sind denn Wolken nicht aus Watte?« – kommen in der DEFA-Verfilmung gegen die Wirklichkeit der Deportation nicht an. Der Zuschauer glaubt hier mit der naiven Lina höchstens an eine Zeit, in der das Wünschen wieder hilft – nicht so bei der US-Version, die Linas Träume zum Wolkenkuckucksheim übersteigert.

9. Checkliste

Zu **Kapitel 1**

1. Worum geht es in *Jakob der Lügner*? Fasse die Handlung in höchstens drei Sätzen zusammen.
2. Taugt ein Lügner als Romanheld? Erörtere die Frage mit deinem Nachbarn und sammelt gemeinsam Argumente für Pro und Contra.

Zu **Kapitel 2**

3. Welche Rolle spielt der Erzähler für den Roman? Und warum erzählt er überhaupt? Erläutere deine Thesen an den ersten drei Seiten des Romans.
4. Beschreibe die Art und Weise, wie der Erzähler die Geschichte Jakob Heyms vermittelt – fällt ihm das Erzählen leicht?
5. Durch welches entscheidende Ereignis wird Jakob zum Lügner? Und was bewirken seine Lügen im Ghetto? Nenne Beispiele.
6. Welche Rolle spielt der Widerstand im Ghetto?
7. Auf welch lebensgefährliche Weise kommt Jakob an neue Nachrichten?
8. Wie setzt sich der Herzspezialist Kirschbaum passiv gegen die Deutschen zur Wehr?
9. Wie endet der Roman? Was ist das Besondere an diesem Schluss?

Zu **Kapitel 3**

10. Welchen beiden Welten lassen sich die Romanfiguren annäherungsweise zuordnen? Stelle jeweils eine Figur aus jeder Welt mit Textbelegen vor.

11. In welchem Verhältnis stehen Jakob Heym und der Ich-Erzähler zueinander?
12. Wie vermittelt der Erzähler seine Geschichte genau? Auf welcher Faktenbasis und mit welcher Haltung erzählt er?
13. Inwiefern ist Jakob ein alltäglicher Held?
14. Wie kommt es dazu, dass Jakobs Radio polarisiert, sich gar zwei Parteien im Ghetto bilden? Nenne exemplarisch je zwei Vertreter dieser Parteien und beschreibe deren Ängste bzw. Hoffnungen.
15. Wie lassen sich die Deutschen im Roman charakterisieren? Erläutere deine Antwort an den Figuren Hardtloff, Meyer und Preuß.
16. Welche Motive bewegen den Wachhabenden, Jakob laufen zu lassen? Überprüfe deine Meinung am Roman. (16–22)

Zu **Kapitel 4**

17. Welches Element ist für die Komposition des Romans entscheidend – und warum?
18. Inwiefern wird der Leser bzw. Zuhörer in die Geschichte einbezogen?
19. Welche Rolle spielen für den Erzähler Fakten und Erfundenes?
20. Welche Zeitebenen lassen sich ausmachen, und wie reiht der Erzähler die einzelnen Episoden auf der Zeitachse aneinander?
21. Wie lässt sich der Erzählton beschreiben? Gib Beispiele.
22. Welche Handlungsstränge bestimmen die Komposition?

Zu **Kapitel 6**

23. Von wem hat Jurek Becker die Grundidee für seinen Roman erhalten? Und warum und in welcher Hinsicht hat er diese Idee noch verändert?

24. Warum kommt Beckers (ursprüngliche) Drehbuchfassung zunächst nicht in die Kinos der DDR?

25. Welche (autobiografische) Funktion erfüllt das Erzählen bei Jurek Becker?

26. Welche Rolle spielt das historische Ghetto von Lodz für Beckers Roman?

27. Was unterscheidet Beckers Roman von anderen literarischen Versuchen, über den Holocaust zu schreiben? Suche in Partnerarbeit Belege in der Herschel-Stamm-Episode. (133–141)

28. Wie bringt es Becker zuwege, ein »Gespräch über Bäume« mit dem Reden »über so viele Untaten« zu verbinden?

29. Mit welchen Schwierigkeiten hat der Erzähler in der Nachkriegszeit zu kämpfen?

30. Inwiefern durchzieht das Lügen auf dreierlei Art Beckers Roman?

31. Wie beurteilst du Jakobs großes Engagement und die Resultate, die er letztlich erzielt?

Zu **Kapitel 7**

32. Unter welchen Bedingungen hat Jurek Becker seine Kindheit verlebt? Beschreibe seine Biografie in Grundzügen, bis Becker in die Schule kommt.

33. Mit welchen Sprachschwierigkeiten hat der spätere Autor zu kämpfen?

34. Welche Rolle spielen Wolf Biermann und Manfred Krug für den beruflichen Werdegang Beckers?

35. Wie sieht der literarisch-politische Kontext aus, als der Roman 1969 erscheint?
36. Mit welchen Schwierigkeiten muss Becker in der DDR leben? Was spricht letztlich für einen dauerhaften Aufenthalt im Westen?
37. Wie versucht Becker im Fernsehen die Probleme der deutschen Wiedervereinigung zu kommentieren?

Zu **Kapitel 8**

38. Welche Einwände formuliert Beckers erster Rezensent gegen den Roman? Wie sieht der Westen Beckers Erstling?
39. Wie ließe sich die mehr als drei Jahrzehnte dauernde Erfolgsgeschichte des Romans stichwortartig skizzieren?

10. Lektüretipps/Filmempfehlungen

Textausgaben

Die Erstausgabe von *Jakob der Lügner* erscheint 1969 im ostdeutschen Aufbau-Verlag. Im Jahr danach veröffentlicht Luchterhand das Buch im Westen. Zitiert wird im vorliegenden Band nach:

Becker, Jurek: Jakob der Lügner. Roman. Frankfurt a. M.: Suhrkamp ^{26}2003. (st. 774.)

Eine gute Alternative dazu ist die kommentierte Ausgabe der Suhrkamp BasisBibliothek, zu der auch ein Audio-Book und eine CD mit multimedialem Zusatzmaterial vorliegen:

Becker, Jurek: Jakob der Lügner. Roman. Mit einem Kommentar von Thomas Kraft. Frankfurt a. M. 2000. (Suhrkamp BasisBibliothek. 15.)

Zu *Jakob der Lügner*

Eine sachkundige Interpretation mit Materialien (und Vorschlägen für den Unterricht) liefert der gut strukturierte Band Wieses. Einen Grob-Überblick vermitteln die Lektürehilfen von Matzkowski und Zierlinger.

Matzkowski, Bernd: Erläuterungen zu Jurek Becker: Jakob der Lügner. Hollfeld 2001. (Königs Erläuterungen und Materialien. 407.)

Wiese, Lothar: Jurek Becker. Jakob der Lügner. München 1998.

Zierlinger, Ursula: Jakob der Lügner. München 1995.

Zur Biografie und Poetik Jurek Beckers

Einen soliden Einstieg in Leben und Werk Beckers ermöglichen der Lexikonbeitrag von Lüdke-Haertel/Lüdke sowie die Bändchen von Arnold und Graf/Konietzny. Facettenreicher und tiefer informieren die Biografie Gilmans und der materialreiche Sammelband Heidelberger-Leonards, der über Aufsätze, Gespräche, Selbstzeugnisse Beckers und eine ausführliche Jurek-Becker-Bibliografie 1969–1997 (fast 600 Titel) verfügt. Eine wahre Fundgrube ist der Band, den Karin Kiwus aus den Schätzen des Jurek-Becker-Archivs zusammengestellt hat. Er enthält u. a. Beckers 1963 entstandenes Exposé für den Film *Jakob der Lügner*. Ein besonderes biografisches Zeugnis stellen Beckers Postkarten an seinen Freund Manfred Krug und dessen Frau Otti dar.

Arnold, Heinz Ludwig (Hrsg.): Text + Kritik. Bd. 116: Jurek Becker. München 1992.

Gilman, Sander L.: Jurek Becker. Die Biographie. Aus dem Amerikanischen von Michael Schmidt. Berlin 2002.

Graf, Karin / Konietzny, Ulrich (Hrsg.): Jurek Becker. München 1991.

Heidelberger-Leonard, Irene (Hrsg.): Jurek Becker. Frankfurt a. M. [2]1997.

Krug, Manfred: Jurek Beckers Neuigkeiten an Manfred Krug & Otti. München 1999.

Lüdke-Haertel, Sigrid / Lüdke, W. Martin: Jurek Becker. In: Kritisches Lexikon zur deutschsprachigen Gegenwartsliteratur. 56. Nlfg. München 1993.

»Wenn ich auf mein bisheriges Leben zurückblicke, dann muß ich leider sagen.« Jurek Becker 1937–1997. Dokumente zu Leben und Werk aus dem Jurek-Becker-Archiv. Zusammengest. und hrsg. von Karin Kiwus. Berlin 2002.

Zum Thema Holocaust und Erinnerungskultur

Arbeitstexte für den Unterricht. Holocaust-Literatur. Auschwitz. Für die Sekundarstufe hrsg. von Sascha Feuchert. Stuttgart 2000. – *Sammlung mit Texten von Opfern und Tätern; für Referate zum historischen Kontext Drittes Reich – Judenvernichtung.*

Benz, Wolfgang (Hrsg.): Legenden, Lügen, Vorurteile. Ein Wörterbuch zur Zeitgeschichte. München [5]1994. – *Kompakte Artikel, die gegen »Legenden, Lügen, Vorurteile« zur jüngsten Vergangenheit angehen, u. a.: »Auschwitz-Lüge«, »Judenvernichtung«, »Kollektivschuld«, »Vergangenheitsbewältigung«.*

Klemperer, Victor: Das Tagebuch 1933–1945. Eine Auswahl für junge Leser. Bearb. von Harald Roth. Mit Anregungen für den Unterricht. Berlin 1997. – *Einzigartiges Dokument über den Alltag der Judenverfolgung.*

Schirrmacher, Frank (Hrsg.): Die Walser-Bubis-Debatte. Eine Dokumentation. Frankfurt a. M. 1999. – *Ausführliche Dokumentation der Debatte, in der es um Vergessen bzw. ein zeitgemäßes Erinnern an das Dritte Reich ging (fast 700 Seiten).*

Schoenberner, Gerhard: Der gelbe Stern. Die Judenverfolgung in Europa 1933–1945. Frankfurt a. M. 22.–25. Tsd. 1994. – *Standardwerk mit vielen Abbildungen* und *Kurztexten; eigenes Kapitel zum Thema Ghetto.*

Verfilmungen

Jakob der Lügner. Regie: Frank Beyer. Drehbuch: Jurek Becker. DDR 1974 (auf Video und DVD).

Jakob der Lügner (Jakob the liar). Regie: Peter Kassovitz. Drehbuch: Peter Kassovitz, Didier Decoin. USA 1999 (auf Video und DVD).

Zu den Verfilmungen und zur Filmanalyse

Frölich, Margrit / Hanno Loewy / Heinz Steinert (Hrsg.): Lachen über Hitler – Auschwitz-Gelächter? Filmkomödie, Satire und Holocaust. München 2003. (Schriftenreihe des Fritz Bauer Instituts. 19.)

Jung, Thomas: »Widerstandskämpfer oder Schriftsteller sein«. Jurek Becker – Schreiben zwischen Sozialismus und Judentum. Eine Interpretation der Holocaust-Texte und deren Verfilmungen im Kontext. Frankfurt a. M. [u. a.] 1998.

Korte, Helmut: Einführung in die Systematische Filmanalyse. Ein Arbeitsbuch. Mit Beispielanalysen von Peter Drexler [u. a.] Berlin ^{2}2001.

Kutzmutz, Olaf: Hoffnung in Not – eine Unterrichtsreihe zu Jurek Beckers Roman *Jakob der Lügner* und seinen Verfilmungen (9./10. Klasse). RAAbits Deutsch. Stuttgart 2002.

Paech, Joachim: Literatur und Film. Stuttgart 1997.

Anmerkungen

1 Marcel-Reich Ranicki, »Das Prinzip Radio«, in: *Allgemeine Jüdische Wochenzeitung*, 18. Dezember 1970; Rolf Michaelis, »Der andere Hiob«, in: *Frankfurter Allgemeine Zeitung*, 30. März 1971.

2 Sigrid Lüdke-Haertel / W. Martin Lüdke: »Jurek Becker«, in: *Kritisches Lexikon zur deutschsprachigen Gegenwartsliteratur*, 56. Nlfg. 1993, S. 3.

3 Dank für diese Auskunft an Jobst-Michael Schröder, Bundesforschungsanstalt für Forst- und Holzwirtschaft Hamburg.

4 Lothar Wiese, *Jurek Becker: Jakob der Lügner*, München 1998, S. 66.

5 *»Wenn ich auf mein bisheriges Leben zurückblicke, dann muß ich leider sagen.« Jurek Becker 1937–1997, Dokumente zu Leben und Werk aus dem Jurek-Becker-Archiv, zusammengest. und hrsg. von Karin Kiwus,* Berlin 2002, S. 2.

6 Die Eckdaten in diesem Kapitel beruhen weitgehend auf der Arbeit von Sander L. Gilman: *Jurek Becker. Die Biographie,* aus dem Amerikan. von Michael Schmidt, Berlin 2002.

7 Nach vielen Schwierigkeiten kommt der Film erst 1975 in die Kinos.

8 A. Bodenheimer [Interview mit Jurek Becker], »›Die Republikaner sind ja nicht vom Himmel gefallen‹«, in: *Jüdische Allgemeine Wochenzeitung*, 15. September 1989.